公認会計士試験

論文式試験対策　　新トレーニングシリーズ

財務会計論
計算編2　個別論点・入門編II

—— TAC公認会計士講座　簿記会計研究会 ——

JN076164

TAC出版
TAC PUBLISHING Group

は し が き

　『新トレーニングシリーズ財務会計論・計算編』においては，総合問題の解き方を身に付けてもらうことを主眼として執筆・編集しています。そのため，初級・中級レベルの問題を中心に出題し，かつ，基本的な出題パターンを網羅することを心掛けました。本書を何度も繰り返し解くことによって，出題パターンに応じた解法を身に付けることができるでしょう。また，個々の論点は理解できるが，総合問題が思うように解くことができない，といった方のために，問題を効率良く解くための解法を示しています。各種資格試験は限られた試験時間内に効率よく解答しなければ，合格することは難しいので，本書を利用して効率的な解法をマスターして下さい。さらに，問題集として執筆・編集していますが，多くの受験生が間違い易い論点やまとめて覚えていた方が良い論点については詳細に解説しています。復習の際に，論点整理として利用して下さい。

　そして，本書を利用することによって，皆さんが財務会計論・計算編の総合問題を克服し，各種資格試験に合格されることを念願してやみません。

本 書 の 特 徴

　本書の主な特徴は，次の7点です。

(1) 基礎力を身に付け，総合問題対策に本格的に取り組もうという方々のために，論点複合型の総合問題を数多く取り入れています。

(2) 解答だけでなく，詳細な解説及び解法を付けています。

(3) 各問題の出題論点がわかるように，チェックポイントとして明記しています。

(4) 解説中の仕訳及び計算式には，その数値が何を意味するのかが分かるように，詳細な解説を付しています。

(5) 問題解答上，間違え易い点については解説を付しています。また，計算技術を高めるためだけでなく，その理論的背景も理解するのに必要な点，及び問題解答上必要ではないが，まとめて整理しておくことで今後の理解を促す点についても解説を付しています。

(6) 繰り返し何度も解き直してもらうために，答案用紙をコピーし易いように，別冊として付けています。なお，答案用紙は，ＴＡＣ出版書籍販売サイト・サイバーブックストアよりダウンロードサービスもご利用いただけます。下記サイトにアクセスして下さい。

　　　　　　　　　　https://bookstore.tac-school.co.jp/

(7) 各論点によって7分冊にし，この7冊により，財務会計論・計算編の基本的な問題が網羅できるように執筆・編集しています。

本 書 の 対 象 者

　本書は，主として公認会計士試験の受験対策用に編集された問題集ですが，総合問題への効率的なアプローチを主眼として執筆・編集しておりますので，税理士試験や日商簿記検定等の他の受験対策用としても是非，利用していただきたいです。

本 書 の 利 用 方 法

1. **問題は必ずペンをもって，実際に答案用紙に記入すること。**

　財務会計論・計算編の総合問題は解答数値のみならず，勘定科目等の記入も問われることがあります。特に，勘定記入や帳簿の記入・締切の問題は，答案用紙に記入するのに時間がかかるので，試験までに充分に慣れておく必要があります。

2. **解き始めた時間と終了時間を必ずチェックしておき，解答時間を計ること。**

　時間を意識しないトレーニングは資格受験の学習として意味がありません。制限時間の60分以内に解答できるか，各自意識して問題解答に取り組んで下さい。各問題に【解答時間及び得点】の欄を付けていますので，各自記入のうえ利用して下さい。

3. **採点基準に従い，実際に採点すること。**

　個々の論点を理解していても実際に点数に反映されなければ，資格受験として意味がありません。各自の実力を知るうえでも採点して下さい。なお，本書における合格点の目安は次のとおりです。各問題の【解答時間及び得点】における得点の欄を利用して記録して下さい。

　難易度A（易）：80点，難易度B（標準）：70点，難易度C（難）：60点

4. **間違えた論点については，メモを取っておくこと。**

　間違えた原因が論点の理解不足のためなのか，それとも単なるケアレス・ミスなのか，メモを取っておいて下さい。各自の理解していない論点やケアレス・ミスしやすい論点がわかります。【解答時間及び得点】及び【チェック・ポイント】を利用して，メモを取って下さい。

5. **60分の制限時間内に問題が解けるようになるまで，何度も繰り返し解くこと。**

　目安としては最低限，各問題を3回は解いてもらいたいです。答案用紙は1部しかないので，あらかじめコピーを取っておくか，ＴＡＣ出版書籍販売サイト・サイバーブックストアよりダウンロードすると良いでしょう。

CONTENTS

別冊／答案用紙

問　題／
解答・解説

Financial Accounting

商品売買業を営むTAC株式会社の当事業年度（自×10年4月1日　至×11年3月31日）における下記の〔資料〕を参照して，以下の各問に答えなさい。

問1　答案用紙に示されている決算整理後残高試算表を完成させなさい。

問2　仮に，商品の払出単価の計算を移動平均法によって行った場合，決算整理後残高試算表における繰越商品勘定の金額を答えなさい。

〔資料Ⅰ〕　前期末繰越試算表

繰 越 試 算 表
×10年3月31日　　　　　　　　　　（単位：千円）

借方	金額	貸方	金額
現 金 預 金	730,900	買 掛 金	130,000
売 掛 金	190,000	未 払 利 息	2,000
有 価 証 券	104,400	未 払 法 人 税 等	72,000
繰 越 商 品	167,200	商 品 保 証 引 当 金	1,100
未 収 有 価 証 券 利 息	200	貸 倒 引 当 金	8,400
建 物	800,000	長 期 借 入 金	400,000
車 両	20,000	建 物 減 価 償 却 累 計 額	264,000
備 品	400,000	車 両 減 価 償 却 累 計 額	15,750
土 地	600,000	備 品 減 価 償 却 累 計 額	175,000
特 許 権	5,600	資 本 金	1,400,000
		繰 越 利 益 剰 余 金	550,050
	3,018,300		3,018,300

〔資料Ⅱ〕 当期における期中取引の要約等

1．商品売買

(1) 商品売買取引はすべて掛で行われている。なお，期首に商品が 400個（仕入単価＠ 418千円）あった。

(2) 当期における商品売買取引は次のとおりである。

日 付	取 引	数 量	仕入単価	売上単価
4 月 4 日	仕 入	2,000個	＠430千円	—
6 月 6 日	売 上	1,300個	—	＠600千円
10月10日	売 上	900個	—	＠600千円
12月12日	仕 入	1,600個	＠437千円	—
2 月 2 日	売 上	1,400個	—	＠600千円

2．債権債務等

(1) 得意先より売掛金 2,020,000千円を回収し，当座に預け入れた。

(2) 仕入先に対して買掛金 1,533,200千円を小切手を振り出して支払った。

(3) 売掛金10,000千円が貸し倒れた。なお，このうち 6,200千円は前期取得分であり 3,800千円は当期取得分である。

3．有価証券

(1) 期首における有価証券の内訳は以下のとおりであった。

銘 柄	株式数又は口数	単 価	取引所の相場	備 考
ＴＴ社株式	400株	＠165千円	有	短期売買目的
ＮＮ社社債	400口	＠ 96千円	有	短期売買目的(注)

（注）ＮＮ社社債は額面＠ 100千円，年利率２％，利払日12月末，償還日×14年12月31日である。

(2) 当期における売買状況は以下のとおりであり，取引はすべて当座により行われている。なお，払出単価の算定は移動平均法により行い，端数利息の計算は日割，その他の利息の計算は月割で行う。また，有価証券の売却手数料は，支払手数料として処理すること。

日 付	銘 柄	売 買	株式数又は口数	単 価 （社債は裸相場）	手数料（総額）
5 月26日	ＮＮ社社債	購 入	100口	＠96.5千円	50千円
7 月25日	ＴＴ社株式	売 却	200株	＠ 163千円	150千円
9 月 5 日	ＴＴ社株式	購 入	100株	＠ 155千円	100千円
3 月14日	ＮＮ社社債	売 却	300口	＠ 98千円	180千円

（注）ＮＮ社社債は額面＠ 100千円，年利率２％，利払日12月末，償還日×14年12月31日である。

(3) ×10年6月30日にＴＴ社株式に係る配当金 5,200千円を受け取った。

(4) ×10年12月31日にＮＮ社社債に係る利息を受け取った。

4．固定資産

(1) ×10年9月30日に車両（取得原価20,000千円，当期首減価償却累計額15,750千円）を4,500千円で売却し，代金は小切手を受け取った。

(2) ×10年10月5日に車両24,000千円を購入し，代金は小切手を振り出して支払った。なお，購入に当たり，購入手数料として 800千円が生じたので，現金で支払った。また，当該車両は購入日の翌日より営業の用に供している。

5．商品保証

当期において，前期に販売した品質保証付商品について修理の申し出があり，その修理代金 1,100千円を小切手を振り出して支払った。

6．その他の取引

(1) 預金に係る利息 500千円を受け取った。

(2) 営業費 194,940千円，支払利息 8,000千円について小切手を振り出して支払った。

(3) 前期の法人税等の未払分72,000千円及び当期に納付すべき法人税等の中間納付分70,000千円を当座により支払った。

〔資料Ⅲ〕　決算整理事項等

1．商　品

(1) 商品の払出単価の計算は，先入先出法により行っている。

(2) 棚卸減耗等は生じていない。

2．有価証券

すべての有価証券について，簿価と期末時価に乖離はなかったものとする。

3．減価償却

固定資産の減価償却を以下のとおり行う。なお，特許権は×9年4月1日に取得したものである。

　　　建　　　物：定額法，残存価額10%，耐用年数30年

　　　車　　　両：定額法，残存価額10%，耐用年数8年

　　　備　　　品：定率法，残存価額10%，年償却率25%

　　　特　許　権：定額法，耐用年数8年

4．貸倒引当金

売掛金期末残高に対して2%の貸倒引当金を差額補充法により設定する。

5．商品保証引当金

品質保証付商品に対して， 1,100千円の商品保証引当金を設定する。

6．経過勘定（他の〔資料〕から判明するものは除く）

支払利息の見越： 2,000千円

7．法人税等

法人税，住民税及び事業税として 135,000千円を計上する。

【MEMO】

【解　答】

問1

決算整理後残高試算表

×11年3月31日　　　　　　　　　（単位：千円）

現　金　預　金	(★ 894,470)	買　　掛　　金	(156,000)
売　　掛　　金	(★ 320,000)	未　払　利　息	(2,000)
有　価　証　券	(★ 67,840)	未 払 法 人 税 等	(★ 65,000)
繰　越　商　品	(174,800)	商 品 保 証 引 当 金	(1,100)
未 収 有 価 証 券 利 息	(100)	貸　倒　引　当　金	(6,400)
建　　　　物	(800,000)	長　期　借　入　金	(400,000)
車　　　　両	(24,800)	建 物 減 価 償 却 累 計 額	(★ 288,000)
備　　　　品	(400,000)	車 両 減 価 償 却 累 計 額	(★ 1,395)
土　　　　地	(600,000)	備 品 減 価 償 却 累 計 額	(231,250)
特　　許　　権	(★ 4,800)	資　　本　　金	(1,400,000)
仕　　　　入	(★1,551,600)	繰 越 利 益 剰 余 金	(550,050)
営　　業　　費	(194,940)	売　　　　上	(2,160,000)
貸　倒　損　失	(★ 3,800)	受 取 利 息 配 当 金	(★ 5,700)
貸 倒 引 当 金 繰 入 額	(★ 4,200)	有 価 証 券 利 息	(★ 940)
商 品 保 証 引 当 金 繰 入 額	(★ 1,100)	有 価 証 券 売 却 損 益	(★ 140)
建 物 減 価 償 却 費	(24,000)	車　両　売　却　益	(★ 1,375)
車 両 減 価 償 却 費	(★ 2,520)		
備 品 減 価 償 却 費	(★ 56,250)		
特 許 権 減 価 償 却 費	(★ 800)		
支　払　利　息	(★ 8,000)		
支　払　手　数　料	(330)		
法人税，住民税及び事業税	(135,000)		
	(5,269,350)		(5,269,350)

問2　（単位：千円）

★　　174,400

【採点基準】

　★ 5 点×20箇所＝100点

【解答時間及び得点】

	日 付	解答時間	得 点	Ｍ Ｅ Ｍ Ｏ
1	／	分	点	
2	／	分	点	
3	／	分	点	
4	／	分	点	
5	／	分	点	

【チェック・ポイント】

出題分野	出題論点	日 付				
		／	／	／	／	／
個 別 論 点	払 出 単 価 の 計 算					
	有 価 証 券 の 売 買					
	端 数 利 息					
	貸 倒 処 理					
	有 形 固 定 資 産 の 取 得					
	有 形 固 定 資 産 の 売 却					
	無 形 固 定 資 産					
	減 価 償 却					
	貸 倒 引 当 金 （ 差 額 補 充 法 ）					
	引 当 金					
	法 人 税 等 の 中 間 納 付					

【解答への道】 （単位：千円）

Ⅰ．再振替仕訳

(借) 有 価 証 券 利 息	200	(貸) 未 収 有 価 証 券 利 息	200
(借) 未 払 利 息	2,000	(貸) 支 払 利 息	2,000

Ⅱ．期中仕訳

1．商品売買

(借) 仕 入	860,000(*1)	(貸) 買 掛 金	860,000
(借) 売 掛 金	780,000	(貸) 売 上	780,000(*2)
(借) 売 掛 金	540,000	(貸) 売 上	540,000(*3)
(借) 仕 入	699,200(*4)	(貸) 買 掛 金	699,200
(借) 売 掛 金	840,000	(貸) 売 上	840,000(*5)

(*1) @430×2,000個＝860,000

(*2) @600×1,300個＝780,000

(*3) @600×900個＝540,000

(*4) @437×1,600個＝699,200

(*5) @600×1,400個＝840,000

(注) 解答上は上記仕訳をまとめて，以下のように処理した方が効率的である。

(借) 仕 入	1,559,200(*6)	(貸) 買 掛 金	1,559,200
(借) 売 掛 金	2,160,000	(貸) 売 上	2,160,000(*7)

(*6) 860,000(*1)＋699,200(*4)＝1,559,200

(*7) 780,000(*2)＋540,000(*3)＋840,000(*5)＝2,160,000

又は，@600×(1,300個＋900個＋1,400個)＝2,160,000

2．債権債務等

（借）	現 金 預 金	2,020,000	（貸）	売 掛 金	2,020,000
（借）	買 掛 金	1,533,200	（貸）	現 金 預 金	1,533,200
（借）	貸 倒 引 当 金(*1)	6,200	（貸）	売 掛 金	10,000
	貸 倒 損 失(*1)	3,800			

(*1) 前期取得売掛金 6,200については貸倒引当金が設定されているので，貸倒引当金を取り崩す処理を行う。一方，当期取得売掛金 3,800については貸倒引当金が設定されていないので，当期の費用として貸倒損失勘定で処理する。

(注) 貸倒の処理

・前期以前取得売掛金　→　貸倒引当金が設定されている　→　貸倒引当金の取崩処理

・当 期 取 得 売 掛 金　→　貸倒引当金が設定されていない　→　貸倒損失勘定で処理

3．有価証券

(1) ＮＮ社社債

① 5月26日（購入）

（借）	有 価 証 券	9,700(*1)	（貸）	現 金 預 金	9,780
	有 価 証 券 利 息(*3)	80(*2)			

(*1) @96.5×100口＋購入手数料50＝9,700

(注) 購入手数料については，付随費用として有価証券の取得原価に算入する。

(*2) 額面@100×100口×2％× $\dfrac{146日（X10.1/1～5/26）}{365日}$ ＝端数利息80

(注) 購入時における端数利息の処理

本問において，当社は×10年5月26日にＮＮ社社債 100口を購入している。このため，×10年12月31日の利払日には，期首からの保有分 400口と合わせた合計 500口について1年分の利息を受け取ることになる。しかし，×10年5月26日に購入した 100口については，当社は1年間保有していたわけではない。×10年1月1日から5月26日までは売主が保有していたので，その期間に係る利息については売主が受け取るべきである。したがって，当社は購入日に，前回の利払日の翌日である×10年1月1日から購入日当日の×10年5月26日までの 146日分の利息を売主に支払うことになる。このように前回の利払日の翌日から売買日当日までの利息のことを端数利息という。なお，売買日当日の利息は売主に帰属する点に注意すること。

(注) 本問においては利息の計算方法について指示があるが，特に指示がなくても端数利息の計算は日割，その他の利息（利息の受払及び経過利息）の計算は月割で行うこと。

(*3) 有価証券利息勘定は収益に属する勘定であり，本来，借方に残高が生じるものではない。しかし，利払日の仕訳をあらかじめ念頭に置けば，このような借方に残高が生じる状態は一時的であることが分かる。つまり，利払日には1年分の利息を受け取り，有価証券利息勘定の貸方にその金額が記入されるので，最終的に有価証券利息勘定の金額は貸方に残高が生じるのである。

② 12月31日（利息受取）

（借）	現　金　預　金	1,000	（貸）	有　価　証　券　利　息	1,000(*1)

(*1) 額面@100×（400口＋100口）×2％＝1,000

③ 3月14日（売却）

（借）	現　金　預　金	29,340(*1)	（貸）	有　価　証　券	28,860(*2)
	支　払　手　数　料	180		有　価　証　券　利　息	120(*3)
				有　価　証　券　売　却　損　益	540(*4)

(*1) @98×300口－売却手数料180＋有価証券利息120(*3)＝29,340

(*2) @96.2(*5)×300口＝28,860

(*3) 額面@100×300口×2％×$\dfrac{73日（X11.1/1〜3/14）}{365日}$＝端数利息120

(*4) （@98－@96.2(*5)）×300口＝540　又は，貸借差額

(*5) （@96×400口＋9,700）÷（400口＋100口）＝@96.2

(注) 売却時における端数利息の処理

　　本問において，当社は×11年3月14日にＮＮ社社債 300口を売却している。このため，×11年12月31日の利払日には，売却した 300口については当社は利息を受け取らず，当該社債を保有している買主が1年分の利息を受け取ることになる。しかし，売却した 300口については×11年1月1日から3月14日までは当社が保有していたので，その期間に係る利息については当社が受け取るべきである。したがって，当社は売却日に，前回の利払日の翌日である×11年1月1日から売却日当日の3月14日までの73日分の端数利息を買主から受け取ることになる。

(2) ＴＴ社株式

① 6月30日（配当金受取）

(借)	現 金 預 金	5,200	(貸)	受 取 利 息 配 当 金	5,200

（参考１）有価証券等から生じる収益について

1. 株　　　　　式 → 配当金の受取 → 「受 取 配 当 金」勘定で処理する

2. 社　　　　　債 → 利息の受取 → 「有価証券利息」勘定で処理する

3. 預金・貸付金 → 利息の受取 → 「受 取 利 息」勘定で処理する

　　なお，本問のように受取配当金勘定と受取利息勘定をまとめて，「受取利息配当金」勘定を使用する場合もある。

② 7月25日（売却）

(借)	現 金 預 金	32,450(*1)	(貸)	有 価 証 券	33,000(*2)
	支 払 手 数 料	150			
	有 価 証 券 売 却 損 益	400(*3)			

(*1)　@163×200株－売却手数料150＝32,450

(*2)　@165×200株＝33,000

(*3)　(@165－@163)×200株＝400　又は，貸借差額

(注)　なお，上記仕訳は，有価証券の売却と手数料の支払に分けて仕訳を考えると分かりやすいであろう。

　　ⅰ　有価証券の売却に係る仕訳（手数料の支払を除く）

(借)	現 金 預 金	32,600(*4)	(貸)	有 価 証 券	33,000(*2)
	有 価 証 券 売 却 損 益	400(*3)			

(*4)　@163×200株＝32,600

　　ⅱ　手数料の支払に係る仕訳

(借)	支 払 手 数 料	150	(貸)	現 金 預 金	150

③ 9月5日（購入）

(借)	有 価 証 券	15,600(*1)	(貸)	現 金 預 金	15,600

(*1)　@155×100株＋購入手数料100＝15,600

4．固定資産

(1) 9月30日（売却）

(借)	車両減価償却累計額	15,750	(貸)	車	両	20,000
	車両減価償却費	1,125(*1)		車両売却益		1,375(*2)
	現金預金	4,500				

(*1) $20,000 \times 0.9 \div 8 \text{年} \times \dfrac{6 \text{ヶ月 (X10.4〜9)}}{12 \text{ヶ月}} = 1,125$

(*2) 売却価額4,500－車両簿価（20,000－15,750－1,125(*1)）＝1,375

(2) 10月5日（取得）

(借)	車	両	24,800(*1)	(貸)	現 金 預 金	24,800

(*1) 購入代価24,000＋付随費用800＝24,800

5．商品保証

(借)	商品保証引当金	1,100	(貸)	現 金 預 金	1,100

6．その他の取引

(借)	現 金 預 金	500	(貸)	受取利息配当金	500
(借)	営 業 費	194,940	(貸)	現 金 預 金	194,940
(借)	支 払 利 息	8,000	(貸)	現 金 預 金	8,000
(借)	未 払 法 人 税 等	72,000	(貸)	現 金 預 金	142,000
	仮 払 法 人 税 等(*1)	70,000			

(*1) 法人税等を中間ないし予定申告に基づいて納付した場合には，会計期末まで一時的に仮払法人税等勘定で処理する。

Ⅲ．決算整理前残高試算表

決算整理前残高試算表

×11年3月31日

現　金　預　金	894,470	買　　掛　　金	156,000
売　　　掛　　　金	320,000	貸　倒　引　当　金	2,200
有　価　証　券	67,840	長　期　借　入　金	400,000
繰　越　商　品	167,200	建物減価償却累計額	264,000
仮　払　法　人　税　等	70,000	備品減価償却累計額	175,000
建　　　　　物	800,000	資　　本　　金	1,400,000
車　　　　両	24,800	繰　越　利　益　剰　余　金	550,050
備　　　　品	400,000	売　　　　上	2,160,000
土　　　　地	600,000	受　取　利　息　配　当　金	5,700
特　　許　　権	5,600	有　価　証　券　利　息	840
仕　　　　入	1,559,200	有　価　証　券　売　却　損　益	140
営　　業　　費	194,940	車　両　売　却　益	1,375
貸　倒　損　失	3,800		
車　両　減　価　償　却　費	1,125		
支　払　利　息	6,000		
支　払　手　数　料	330		
	5,115,305		5,115,305

Ⅳ．決算整理仕訳

1．商 品

（借）	仕	入	167,200	（貸）	繰 越 商 品	167,200
（借）	繰 越 商 品	174,800（*1）	（貸）	仕	入	174,800

（*1）　@437（*2）×400個＝174,800

（*2）　12/12仕入単価

（注）　先入先出法とは，最も古く取得されたものから順次払い出しが行われると仮定して，払出単価を計算する方法である。したがって，期末商品は後から仕入れたものから構成される。

商　　　品　　（先入先出法）

期　　首　@418　×400個　=　167,200	売上原価（後T/B 仕入）　　∴　1,551,600
当期仕入（前T/B 仕入）　　　　　　　1,559,200	期　　末　@437（*2）×400個＝　174,800（*1）

商 品 有 高 帳　　　　　　　（先入先出法）

日付	摘 要	受 入 高			払 出 高			残 高		
		数 量	単 価	金 額	数 量	単 価	金 額	数 量	単 価	金 額
		個	千円	千円	個	千円	千円	個	千円	千円
4 1	前 期 繰 越	400	418	167,200				400	418	167,200
4	仕　　入	2,000	430	860,000				400	418	167,200
								2,000	430	860,000
6 6	売　　上				400	418	167,200	1,100	430	473,000
					900	430	387,000			
10 10	売　　上				900	430	387,000	200	430	86,000
12 12	仕　　入	1,600	437（*2）	699,200				200	430	86,000
								1,600	437（*2）	699,200
2 2	売　　上				200	430	86,000	400	437（*2）	174,800
					1,200	437（*2）	524,400			
3 31	小　　計				3,600	—	1,551,600			
(31)	(次 期 繰 越)				(400)	(437)（*2）	(174,800)			
		4,000	—	1,726,400	4,000	—	1,726,400			

—14—

2．有価証券

(借)	未 収 有 価 証 券 利 息	100	(貸)	有 価 証 券 利 息	100(*1)

(*1)　額面@100×(400口＋100口－300口)×2％×$\dfrac{3 \text{ヶ月 (X11.1～3)}}{12\text{ヶ月}}$＝100

3．減価償却

(1) 有形固定資産

(借)	建 物 減 価 償 却 費	24,000(*1)	(貸)	建 物 減 価 償 却 累 計 額	24,000
(借)	車 両 減 価 償 却 費	1,395(*2)	(貸)	車 両 減 価 償 却 累 計 額	1,395
(借)	備 品 減 価 償 却 費	56,250(*3)	(貸)	備 品 減 価 償 却 累 計 額	56,250

(*1)　800,000×0.9÷30年＝24,000

(*2)　24,800×0.9÷8年×$\dfrac{6 \text{ヶ月 (X10.10～X11.3)}}{12\text{ヶ月}}$＝1,395

(*3)　(400,000－175,000)×0.25＝56,250

(2) 無形固定資産（特許権）

(借)	特 許 権 減 価 償 却 費	800(*1)	(貸)	特 許 権	800

(*1)　前T/B 5,600÷(8年－経過年数1年)＝800

4．貸倒引当金

(借)	貸 倒 引 当 金 繰 入 額	4,200(*1)	(貸)	貸 倒 引 当 金	4,200

(*1)　前T/B 売掛金320,000×2％－前T/B 貸倒引当金2,200＝4,200

5．商品保証引当金

(借)	商 品 保 証 引 当 金 繰 入 額	1,100	(貸)	商 品 保 証 引 当 金	1,100

6．経過勘定（前述を除く）

(借)	支 払 利 息	2,000	(貸)	未 払 利 息	2,000

7．法人税等

(借)	法人税，住民税及び事業税	135,000	(貸)	仮 払 法 人 税 等	70,000
				未 払 法 人 税 等	65,000(*1)

(*1)　貸借差額

(注)　法人税等を中間ないし予定申告に基づいて期中に納付している場合には，当期に計上する法人税等の
　　　金額（法人税，住民税及び事業税の金額）から法人税等の中間納付分（仮払法人税等の金額）を差し引
　　　いた金額を未払法人税等として計上する。

V. 　問2　の解答

移動平均法とは，商品を取得する都度，平均原価を算出し，この平均原価によって期末商品の価額を算定する方法である。そこで，解法上，以下のような簡便な商品有高帳を作成して平均単価及び残高を把握すると効率的である。

＜簡便的な商品有高帳（移動平均法）＞

期　首　　　　400個（@418）
4／4合計 2,400個（@428）　　　10／10残高 200個
12／12合計 1,800個（@436）　　2／2残高 400個（@436）◀────── 期末残高

商　　　　品　　　　　　　　（移動平均法）

期　　首　@418　×400個 ＝ 167,200	売上原価（後T/B 仕入）　　∴ 1,552,000
当期仕入（前T/B 仕入）　　　　1,559,200	期　　末　@436　×400個＝ 174,400

∴ 後T/B 繰越商品　174,400

商　品　有　高　帳

(移動平均法)

日 付	摘　要	受　入　高			払　出　高			残　　高		
		数　量	単　価	金　額	数　量	単　価	金　額	数　量	単　価	金　額
		個	千円	千円	個	千円	千円	個	千円	千円
4　1	前 期 繰 越	400	418	167,200				400	418	167,200
4	仕　　入	2,000	430	860,000				2,400	428	1,027,200
6　6	売　　上				1,300	428	556,400	1,100	428	470,800
10 10	売　　上				900	428	385,200	200	428	85,600
12 12	仕　　入	1,600	437	699,200				1,800	436	784,800
2　2	売　　上				1,400	436	610,400	400	436	174,400
3 31	小　　計				3,600	―	1,552,000			
(31)	(次 期 繰 越)				(400)	(436)	(174,400)			
		4,000	―	1,726,400	4,000	―	1,726,400			

【MEMO】

商品売買業を営むTAC株式会社の当事業年度（自×10年4月1日　至×11年3月31日）における下記の〔資料〕を参照して，以下の各問に答えなさい。

問1　〔資料Ⅰ〕における空欄①～③に該当する金額を答えなさい。

問2　答案用紙に示されている決算整理後残高試算表を完成させなさい。

〔資料Ⅰ〕　決算整理前残高試算表

決算整理前残高試算表

×11年3月31日　　　　　　　　　　　　　　　（単位：千円）

現　金　預　金	145,170	支　払　手　形	192,000
現　金　過　不　足	1,100	買　　掛　　金	214,000
受　取　手　形	185,000	貸　倒　引　当　金	7,620
売　　掛　　金	219,200	長　期　借　入　金	500,000
繰　越　商　品	38,000	建物減価償却累計額	72,000
建　　　　物	550,000	備品減価償却累計額	59,700
機　　　械	70,000	資　　本　　金	900,000
車　　　　両	（　①　）	繰越利益剰余金	（　　　　）
備　　　品	210,000	売　　　　上	735,000
土　　　　地	800,000	備　品　売　却　益	（　　　　）
建　設　仮　勘　定	320,000		
仕　　　入	442,400		
営　　業　　費	88,165		
備品減価償却費	（　②　）		
支　払　利　息	19,000		
	（　　　）		（　　　）

〔資料Ⅱ〕 決算整理事項等

1. 現 金

　〔資料Ⅰ〕における現金過不足の原因を調査した結果，以下の事項が判明した。なお，原因が判明しない金額については決算にあたり，雑収入又は雑損失として処理する。

(1) 売掛金回収額 1,200千円の記帳漏れ

(2) 営業費支払額 1,800千円の記帳漏れ

(3) 借入金利息支払額 1,000千円の記帳漏れ

2. 商 品

　期末商品に関するデータは以下のとおりである。

　　期末商品帳簿棚卸高：数量 350個，原価@ 120千円

　　期末商品実地棚卸高：数量 330個，原価@ 120千円

3. 有形固定資産

(1) 当期における有形固定資産に係る取引は以下のとおりである。

　① ×10年7月10日に建設中の建物 210,000千円が完成し，同日より使用しているが，未処理である。なお，当該建物の代金については全額前払いされている。

　② ×10年8月3日に備品（取得原価50,000千円，期首減価償却累計額27,000千円）を22,500千円で売却している。

　③ ×10年10月15日に建設中の建物 150,000千円が完成し，同日より使用している。

　④ ×11年2月14日に備品（取得原価40,000千円，期首減価償却累計額30,000千円）が使用できなくなったため除却したが，未処理である。なお，当該備品の見積売却価額は 4,000千円である。

　⑤ ×11年3月2日に備品60,000千円を掛により購入し，同日より使用している。このとき，以下の仕訳（単位：千円）を行っている。なお，当該掛代金は×11年5月3日に支払う契約である。

　　（借）備　　　品　60,000　（貸）買　掛　金　60,000

(2) 減価償却を以下のとおり行う。なお，減価償却の記帳方法は，建物及び備品については間接法，機械及び車両については直接法により行っている。また，〔資料Ⅰ〕における機械は×6年12月1日に一括して取得し，同日より使用しているものであり，車両（取得原価 120,000千円）は×8年12月10日に一括して取得し，同日より使用しているものである。

		償却方法	耐用年数	残存価額	年償却率
建 物	当期取得	定 額 法	30年	ゼロ	—
	上記以外	定 額 法	30年	10%	—
機 械		定 額 法	6年	10%	—
車 両		定 率 法	8年	10%	25%
備 品	当期取得	定 額 法	10年	ゼロ	—
	上記以外	定 額 法	10年	10%	—

4．新株の発行

×10年10月1日に株式を交付し，払込金額 100,000千円が当座に払い込まれたが，未処理である。

5．貸倒引当金

売上債権期末残高に対して2％の貸倒引当金を差額補充法により設定する。

6．経過勘定

(1) 〔**資料Ⅰ**〕における営業費には，×10年12月1日に支払った家賃1年間分の前払 9,000千円が含まれている。

(2) 営業費 7,400千円を見越計上する。

(3) 支払利息 2,500千円を見越計上する。

7．法人税，住民税及び事業税

法人税，住民税及び事業税を 38,350千円を計上する。

【ＭＥＭＯ】

【解 答】

問1	① ★	82,500	② ★	1,875

問2

決算整理後残高試算表

×11年3月31日 　　　　　　　　　　　　　　　　　　　（単位：千円）

現 金 預 金	(245,170)	支 払 手 形	(192,000)	
受 取 手 形	(185,000)	買 掛 金	(154,000)	
売 掛 金	(218,000)	未 払 金	(★ 60,000)	
繰 越 商 品	(39,600)	未 払 営 業 費	(7,400)	
（貯 蔵 品）	(★ 4,000)	未 払 利 息	(2,500)	
前 払 営 業 費	(6,000)	未 払 法 人 税 等	(38,350)	
建 物	(760,000)	貸 倒 引 当 金	(8,060)	
機 械	(★ 49,000)	長 期 借 入 金	(500,000)	
車 両	(★ 61,875)	建物減価償却累計額	(91,750)	
備 品	(★ 170,000)	備品減価償却累計額	(40,100)	
土 地	(800,000)	資 本 金	(★1,000,000)	
建 設 仮 勘 定	(★ 110,000)	繰 越 利 益 剰 余 金	(490,715)	
仕 入	(★ 438,400)	売 上	(735,000)	
営 業 費	(★ 91,365)	（雑 収 入）	(★ 500)	
棚 卸 減 耗 費	(★ 2,400)	備 品 売 却 益	(★ 1,375)	
貸 倒 引 当 金 繰 入 額	(★ 440)			
建 物 減 価 償 却 費	(★ 19,750)			
機 械 減 価 償 却 費	(★ 21,000)			
車 両 減 価 償 却 費	(20,625)			
備 品 減 価 償 却 費	(★ 15,575)			
支 払 利 息	(★ 22,500)			
（備 品 除 却 損）	(★ 2,700)			
法人税，住民税及び事業税	(38,350)			
	(3,321,750)		(3,321,750)	

【採点基準】

★ 5 点×20箇所＝100点

【解答時間及び得点】

	日　付	解答時間	得　点	ＭＥＭＯ
1	／	分	点	
2	／	分	点	
3	／	分	点	
4	／	分	点	
5	／	分	点	

【チェック・ポイント】

出題分野	出題論点	日　付				
		／	／	／	／	／
個　別　論　点	現　　金　　過　　不　　足					
	棚　　卸　　減　　耗　　費					
	有　形　固　定　資　産　の　取　得					
	有　形　固　定　資　産　の　売　却					
	有　形　固　定　資　産　の　除　却					
	減　　価　　償　　却					
	建　　設　　仮　　勘　　定					
	新　　株　　の　　発　　行					
	貸　倒　引　当　金　（　差　額　補　充　法　）					

【解答への道】 （単位：千円）

Ⅰ．〔資料Ⅰ〕の空欄推定

①車　　　　　両： 82,500 ← 後述（Ⅱ．3．(3) 参照）

②備品減価償却費： 1,875 ← 後述（Ⅱ．3．(4) ① 参照）

　繰越利益剰余金： 490,715 ← 貸借差額

　備 品 売 却 益： 1,375 ← 後述（Ⅱ．3．(4) ① 参照）

Ⅱ．決算整理仕訳等

1．現　金

(1) 現金不足判明時の仕訳（処理済）

(借)	現　金　過　不　足	1,100(*1)	(貸) 現　　　　金	1,100

(*1)　前T/B 現金過不足より

(2) 現金過不足勘定の整理

(借)	現　金　過　不　足	1,200	(貸) 売　　掛　　金	1,200
(借)	営　　業　　費	1,800	(貸) 現　金　過　不　足	1,800
(借)	支　払　利　息	1,000	(貸) 現　金　過　不　足	1,000
(借)	現　金　過　不　足	500	(貸) 雑　　収　　入	500(*1)

(*1)　過剰額(1,800＋1,000)－不足額(前T/B 1,100＋1,200)＝500

(注)　原因判明時の仕訳は，まず，①判明事項を借方又は貸方に記入し，次に，②貸借反対側に現金過不足勘定を記入することにより仕訳を行う。例えば，営業費支払額の記帳漏れの場合，まず，①判明事項である営業費は費用であるため借方に記入する。次に，②反対側の貸方に現金過不足勘定を記入して仕訳を行う。

2．商　品

(借)	仕　　　　入	38,000	(貸) 繰　越　商　品	38,000
(借)	繰　越　商　品	42,000	(貸) 仕　　　　入	42,000(*1)
(借)	棚　卸　減　耗　費	2,400(*2)	(貸) 繰　越　商　品	2,400

(*1)　原価@120×帳簿数量350個＝42,000

(*2)　原価@120×（帳簿数量350個－実地数量330個）＝2,400

—24—

（参考1）棚卸減耗

1．処理の流れ

　商品の決算整理は，まず，期末商品帳簿棚卸高の算定（売上原価の算定）を行い，次に，棚卸減耗費の算定の順番で行う。

2．期末商品帳簿棚卸高の算定（売上原価の算定）

　企業では通常，商品有高帳を設けて商品の受け入れや払い出しを継続的に記録し，各時点の商品の有高を把握している。このような商品の管理方法（数量計算）を「継続記録法」という。

　この商品有高帳における期末在庫数量を「期末帳簿数量」といい，この数量に払出単価の計算で算定された仕入単価を乗じた金額である期末在庫有高を「期末帳簿棚卸高」という。売上原価はこの期末商品帳簿棚卸高をもとに算定する。

> 売上原価 ＝ 期首商品帳簿棚卸高 ＋ 当期商品仕入高 － 期末商品帳簿棚卸高
> 　　　　　　　（期首商品在庫）　　　（当 期 仕 入）　　　（期末商品在庫）

3．棚卸減耗費の算定

　企業では，期末に現物の商品を実際に数える。これを「実地棚卸」という。この実地棚卸による期末在庫数量を「実地棚卸数量」といい，この数量に払出単価の計算で算定された仕入単価を乗じた金額である期末在庫有高を「期末実地棚卸高」という。

　棚卸を行うことによって，紛失や盗難等の販売以外の原因で帳簿棚卸数量より実地棚卸数量が減少している場合がある。この商品の減少のことを「棚卸減耗」といい，棚卸減耗の数量に払出単価で算定された仕入単価を乗じた金額を「棚卸減耗費」という。

> 棚卸減耗費 ＝ 期末帳簿棚卸高 － 期末実地棚卸高
> 　　　　　 ＝ ＠原価 ×（期末帳簿数量 － 期末実地数量）

> B/S 商　品 ＝ 期末帳簿棚卸高 － 棚卸減耗費
> 　　　　　 ＝ ＠原価 × 期末実地数量

3．有形固定資産

(1) 建　物

① ×10年7月10日完成建物（未処理）

| (借) | 建 | 物 | 210,000 | (貸) | 建 | 設 | 仮 | 勘 | 定 | 210,000 |

(注)　建設仮勘定とは，現在建設・製作中の固定資産をいい，固定資産が完成するまで一時的に設けられる勘定である。建物，構築物，機械装置等の建築や製作は，それが完成し，引渡を受けるまでに長期間を要するので，建設中に代金の一部を手付金として支払うことがある。この建設中に支払った工事代金等の支払額を一時的に「建設仮勘定」勘定（資産）で処理しておき，完成した時に各固定資産勘定へ振り替える。なお，建設仮勘定は未だ完成していない固定資産であり，使用していないため減価償却は行わない。

② ×10年10月15日完成建物（処理済）

| (借) | 建 | 物 | 150,000 | (貸) | 建 | 設 | 仮 | 勘 | 定 | 150,000 |

③ 減価償却

| (借) | 建 物 減 価 償 却 費 | 19,750(*1) | (貸) | 建 物 減 価 償 却 累 計 額 | 19,750 |

(*1)　12,000(*2) + 5,250(*3) + 2,500(*4) = 19,750

(*2)　(前T/B 550,000 − X10.10/15完成分150,000) × 0.9 ÷ 30年 = 12,000

(*3)　$210,000 ÷ 30年 × \dfrac{9 ヶ月 (X10.7 〜 X11.3)}{12ヶ月} = 5,250$

(*4)　$150,000 ÷ 30年 × \dfrac{6 ヶ月 (X10.10 〜 X11.3)}{12ヶ月} = 2,500$

(注)　期中に完成し，使用し始めた建物 210,000については使用開始時から月割で減価償却費を計算する。

本問では×10年7月から使用し始めたので，減価償却は7月から行う。

(2) 機 械

(借) 機 械 減 価 償 却 費	21,000(*1)	(貸) 機	械	21,000

(*1) 140,000(*2)×0.9÷6年＝21,000

(*2) 機械の取得原価をAとおくと，以下の式が成り立つ。

$$A-A×0.9÷6年×\frac{40ヶ月(X6.12～X10.3)}{12ヶ月}=70,000 \rightarrow \therefore A=140,000$$

(注) 減価償却の記帳方法には，直接（控除）法と間接（控除）法がある。直接法とは，毎期の減価償却費相当額を当該固定資産の価額から直接控除する方法である。他方，間接法とは，毎期の減価償却費相当額を当該固定資産の価額から直接控除する代わりに，評価勘定としての減価償却累計額勘定を設定して，減価償却額をこの勘定の貸方に記入する方法である。本問では機械及び車両について直接法を採用しているので，前T/B における機械及び車両の金額は，取得原価から過年度減価償却費合計額（期首における減価償却累計額）を控除した，簿価を表していることに注意すること。なお，本問では直接法の旨の指示があるが，問題文に特に指示がない場合でも，前T/B・後T/Bに減価償却累計額がない場合には，直接法を採用していると判断すること。

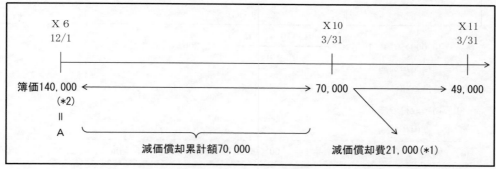

(3) 車 両

(借) 車 両 減 価 償 却 費	20,625(*1)	(貸) 車	両	20,625

(*1) 前T/B 車両82,500(*2)×0.25＝20,625

(*2) 取得原価120,000－減価償却累計額(10,000(*3)＋27,500(*4))＝簿価82,500

◎ 前T/B 車両：82,500(*2)

(*3) $120,000×0.25×\frac{4ヶ月(X8.12～X9.3)}{12ヶ月}=10,000$

(*4) (120,000－10,000(*3))×0.25＝27,500

(4) 備　品

① 売　却（処理済）

(借)	備 品 減 価 償 却 累 計 額	27,000	(貸)	備	品	50,000
	備 品 減 価 償 却 費	1,875(*1)		備 品 売 却 益		1,375(*2)
	現 金 預 金	22,500				

(*1)　$50,000 \times 0.9 \div 10年 \times \dfrac{5ヶ月（X10.4〜X10.8）}{12ヶ月} = 1,875$

(*2)　貸借差額

◎　前T/B 備品減価償却費：1,875(*1)

◎　前T/B 備品売却益：1,375(*2)

② 除　却（未処理）

(借)	備 品 減 価 償 却 累 計 額	30,000	(貸)	備	品	40,000
	備 品 減 価 償 却 費	3,300(*1)				
	貯 蔵 品	4,000(*2)				
	備 品 除 却 損	2,700(*3)				

(*1)　$40,000 \times 0.9 \div 10年 \times \dfrac{11ヶ月（X10.4〜X11.2）}{12ヶ月} = 3,300$

(*2)　見積売却価額

(*3)　貸借差額

③ 期中取得の修正

ⅰ　期中仕訳

(借)	備	品	60,000	(貸)	買	掛	金	60,000

ⅱ　あるべき仕訳

(借)	備	品	60,000	(貸)	未	払	金(*1)	60,000

(*1)　商品以外の固定資産等の購入取引における代金の未払については，未払金勘定で処理する。なお，商品の購入取引における代金の未払については，買掛金勘定で処理する。

ⅲ　修正仕訳（ⅱ－ⅰ）

(借)	買	掛	金	60,000	(貸)	未	払	金(*1)	60,000

④ 減価償却

(借)	備 品 減 価 償 却 費	10,400(*1)	(貸)	備 品 減 価 償 却 累 計 額	10,400

(*1)　$9,900(*2) + 500(*3) = 10,400$

(*2)　（前T/B 備品210,000－除却分40,000－X11.3/2取得分60,000）$\times 0.9 \div 10年 = 9,900$

(*3)　$60,000 \div 10年 \times \dfrac{1ヶ月（X11.3）}{12ヶ月} = 500$

4．新株の発行

| （借）現　金　預　金 | 100,000 | （貸）資　本　金 | 100,000 |

（注）　原則として，払込金額は全額資本金として処理する。

（参考２）資本金組入額

1．原　則

　　株式会社の資本金は，設立又は株式の発行に際して，株主となる者が会社に「**払込又は給付をした財産の額（払込金額）**」とする。

2．容　認

　　払込金額のうち２分の１を超えない金額は資本金に計上しないことができる。つまり，払込金額の２分の１は最低でも資本金としなければならない。なお，受験上，問題文に資本金組入額に関する指示がない場合には，原則規定である払込金額の総額を資本金として処理する。

> ① 原　則
> 　資本金 ＝ 払込金額
> ② 容　認（会社法規定の最低限度額）
> 　資本金 ＝ 払込金額 × $\dfrac{1}{2}$

3．会計処理

（1）原　則

| （借）当　座　預　金 | ××× | （貸）資　本　金 | ××× |

（2）容　認

　　容認規定に従った場合，払込金額のうち資本金とならない部分が生じる。これを「**株式払込剰余金**」といい，「**資本準備金**」勘定で処理する。

| （借）当　座　預　金 | ××× | （貸）資　本　金 | ××× |
| | | 資　本　準　備　金 | ××× |

5．貸倒引当金

| （借）貸倒引当金繰入額 | 440 | （貸）貸倒引当金 | 440(*1) |

(*1)　{受取手形185,000＋売掛金（前T/B 219,200－1,200）}×２％－前T/B 7,620＝440

6．経過勘定

（借）前　払　営　業　費	6,000	（貸）営　業　費	6,000(*1)
（借）営　業　費	7,400	（貸）未　払　営　業　費	7,400
（借）支　払　利　息	2,500	（貸）未　払　利　息	2,500

(*1)　$9,000 \times \dfrac{8 \text{ヶ月（X11.4～X11.11）}}{12 \text{ヶ月（X10.12～X11.11）}} = 6,000$

7．法人税，住民税及び事業税

| （借）法人税，住民税及び事業税 | 38,350 | （貸）未　払　法　人　税　等 | 38,350 |

商品売買業を営むTAC株式会社の当事業年度（自×10年4月1日 至×11年3月31日）における下記の〔資料〕を参照して，答案用紙に示されている損益計算書及び貸借対照表を完成させなさい。

〔資料Ⅰ〕 決算整理前残高試算表

決算整理前残高試算表
×11年3月31日 （単位：千円）

借方	金額	貸方	金額
現　　　　　金	21,980	支　払　手　形	168,180
当　座　預　金	241,020	買　　掛　　金	173,920
受　取　手　形	290,000	貸　倒　引　当　金	10,000
売　　掛　　金	237,600	長　期　借　入　金	200,000
有　価　証　券	93,960	建物減価償却累計額	（　　　　）
繰　越　商　品	（　　　　）	車両減価償却累計額	51,030
仮　払　法　人　税　等	280,000	資　　本　　金	（　　　　）
建　　　　　物	800,000	利　益　準　備　金	300,000
車　　　　　両	126,000	繰　越　利　益　剰　余　金	286,000
備　　　　　品	405,000	売　　　　上	6,450,000
土　　　　　地	1,385,000	受　取　利　息　配　当　金	4,900
長　期　貸　付　金	160,000		
仕　　　　　入	（　　　　）		
販　売　管　理　費	118,790		
貸　倒　損　失	6,400		
通　　信　　費	9,700		
租　税　公　課	7,560		
支　払　利　息	15,120		
雑　　損　　失	1,200		
	（　　　　）		（　　　　）

〔資料Ⅱ〕　決算整理事項等

1．現金預金

(1) 決算日において当社の金庫を実査したところ，次のものが保管されていた。なお，未渡小切手は仕入先に対するもの（下記(3)参照）であり，株主配当金領収証については何ら処理されていない。

硬　貨・紙　幣　3,610千円　　未　渡　小　切　手　3,300千円　　他人振出小切手　17,340千円

自己振出小切手　1,880千円　　郵　便　切　手　1,120千円　　収　入　印　紙　1,340千円

郵　便　為　替　証　書　170千円　　振替貯金払出証書　480千円　　株主配当金領収証　3,000千円

(2) 現金の実際有高と帳簿残高との差額については原因が不明である。

(3) 銀行から取り寄せた当座預金の残高証明書と当社の決算整理前における当座預金出納帳残高が一致しなかったので，その差額を調査したところ，次の事実が判明した。

未取付小切手（営業費支払分）　1,200千円　　未渡小切手（買掛金支払分）　3,300千円

売掛金の振込未記帳分　8,500千円　　銀行の時間外預入分　4,000千円

売掛金の振込 4,500千円を 5,400千円と誤記していた。

2．棚卸資産

(1) 当期の原価率は75%である。

(2) 期末商品は次のとおりである。

数　量	前　期　末	当　期　末
帳簿数量	1,050個（原価@ 380千円）	960個（原価@ 430千円）
実地数量	1,000個（正味売却価額@ 400千円）	900個（正味売却価額@ 405千円）

3．有価証券

当期末に保有する有価証券の内訳は次のとおりである。

銘　柄	取得原価	当期末時価	備　考
ＳＳ社株式	93,960千円	92,960千円	売買目的。当期に取得。

4．固定資産

(1) 減価償却を次のとおり行う。

種　類	償却方法	耐用年数	残存価額
建　物	定額法	40年	10％
車　両	生産高比例法	8年	10％
備　品	定率法	8年	10％

(2) 〔**資料Ⅰ**〕の建物は，当期首より15年前に一括取得したものである。×10年9月30日に建物（取得原価 200,000千円，期首減価償却累計額67,500千円）が火災により焼失したが，未処理である。なお，当該建物には火災保険が付されており，当期末に保険会社から保険金 125,000千円を支払う旨の通知があった。

(3) 車両の総走行可能距離は 100万km，前期末における累積走行距離は45万km，当期末における累積走行距離は52万kmである。

(4) 備品は×6年8月10日に一括取得したものである。備品の減価償却については直接控除法により記帳している。なお， 0.1の8乗根は0.75である。

5．貸倒引当金

(1) 期中において前期発生売掛金 4,000千円及び当期発生売掛金 2,400千円が貸し倒れたが，全額貸倒損失勘定で処理している。

(2) 売上債権期末残高の2％を貸倒引当金として設定する（差額補充法）。

6．経過勘定項目

販売管理費 750千円を見越計上し，支払利息 560千円を次期に繰り延べる。

7．法人税，住民税及び事業税

法人税，住民税及び事業税として 470,000千円を計上する。

【MEMO】

【解答】

損 益 計 算 書（単位：千円）

自×10年4月1日 至×11年3月31日

I 売 上 高		(6,450,000)
II 売 上 原 価		
1 期首商品棚卸高	(★ 380,000)	
2 当期商品仕入高	(★4,870,300)	
合 計	(5,250,300)	
3 期末商品棚卸高	(412,800)	
差 引	(4,837,500)	
4 商品低価評価損	(★ 22,500)	(4,860,000)
売 上 総 利 益		(1,590,000)
III 販売費及び一般管理費		
1 販 売 管 理 費	(★ 119,540)	
2 棚 卸 減 耗 費	(★ 25,800)	
3 貸 倒 損 失	(★ 2,400)	
4 貸倒引当金繰入額	(★ 4,400)	
5 通 信 費	(8,580)	
6 租 税 公 課	(★ 6,220)	
7 建物減価償却費	(15,750)	
8 車両減価償却費	(★ 7,938)	
9 備品減価償却費	(★ 101,250)	(291,878)
営 業 利 益		(1,298,122)

IV 営 業 外 収 益		
1 受取利息配当金	(★ 7,900)	(7,900)
V 営 業 外 費 用		
1 支 払 利 息	(★ 14,560)	
2 有価証券評価損	(★ 1,000)	
3 雑 損 失	(★ 1,580)	(17,140)
経 常 利 益		(1,288,882)
VI 特 別 損 失		
1 (火 災 損 失)	(★ 5,250)	(5,250)
税引前当期純利益		(1,283,632)
法人税，住民税及び事業税		(470,000)
当 期 純 利 益		(★ 813,632)

貸 借 対 照 表

×11年3月31日　　　　　　　　　　　　（単位：千円）

資　産　の　部		負　債　の　部	
I 流 動 資 産		I 流 動 負 債	
現 金 及 び 預 金 （★　276,520 ）		支 払 手 形 （　168,180 ）	
受 取 手 形 （　290,000 ）		買 掛 金 （★　177,220 ）	
貸 倒 引 当 金 （ △ 5,800 ）（　284,200 ）		未 払 費 用 （　750 ）	
売 掛 金 （★　230,000 ）		未 払 法 人 税 等 （★　190,000 ）	
貸 倒 引 当 金 （ △ 4,600 ）（　225,400 ）		流 動 負 債 合 計 （　536,150 ）	
有 価 証 券 （　92,960 ）		II 固 定 負 債	
商 品 （★　364,500 ）		長 期 借 入 金 （　200,000 ）	
貯 蔵 品 （★　2,460 ）		固 定 負 債 合 計 （　200,000 ）	
前 払 費 用 （　560 ）		負 債 合 計 （　736,150 ）	
（未 収 入 金） （★　125,000 ）		純 資 産 の 部	
流 動 資 産 合 計 （　1,371,600 ）		I 株 主 資 本	
II 固 定 資 産		1 資 本 金 （　1,535,600 ）	
1 有 形 固 定 資 産		2 利 益 剰 余 金	
建 物 （　600,000 ）		(1) 利 益 準 備 金 （　300,000 ）	
減価償却累計額 （ △216,000 ）（★　384,000 ）		(2) その他利益剰余金	
車 両 （　126,000 ）		繰 越 利 益 剰 余 金 （　1,099,632 ）	
減価償却累計額 （ △ 58,968 ）（　67,032 ）		利 益 剰 余 金 合 計 （　1,399,632 ）	
備 品 （★1,152,000 ）		株 主 資 本 合 計 （　2,935,232 ）	
減価償却累計額 （ △848,250 ）（　303,750 ）		純 資 産 合 計 （　2,935,232 ）	
土 地 （　1,385,000 ）			
有 形 固 定 資 産 合 計 （　2,139,782 ）			
2 投資その他の資産			
長 期 貸 付 金 （　160,000 ）			
投資その他の資産合計 （　160,000 ）			
固 定 資 産 合 計 （　2,299,782 ）			
資 産 合 計 （　3,671,382 ）		負 債 純 資 産 合 計 （　3,671,382 ）	

【採点基準】
　★4点×25箇所＝100点

【解答時間及び得点】

	日　付	解答時間	得　点	Ｍ　Ｅ　Ｍ　Ｏ
1	／	分	点	
2	／	分	点	
3	／	分	点	
4	／	分	点	
5	／	分	点	

【チェック・ポイント】

出題分野	出題論点	日　付				
		／	／	／	／	／
個　別　論　点	現　　　金　　　預　　　金					
	商　品　の　期　末　評　価					
	有　　価　　証　　券					
	臨　　　時　　　損　　　失					
	直　接　法　か　ら　間　接　法　へ　の　変　更					
	貸　倒　引　当　金　（　差　額　補　充　法　）					

【解答への道】（単位：千円）

Ⅰ．〔資料Ⅰ〕の空欄推定

　　繰　越　商　品：　380,000 ← 原価@380×前期末実地数量1,000個

　　仕　　　　　　入：4,870,300 ← 後述（Ⅱ．2．(2) 参照）

　　建物減価償却累計額：270,000 ← 800,000×0.9÷40年×経過年数15年

　　資　　本　　金：1,535,600 ← 貸借差額

Ⅱ．決算整理仕訳等

　1．現金預金

　(1) 現　金

(借)	貯　　蔵　　品(*1)	2,460	(貸)	通　　　信　　　費	1,120(*2)
				租　税　公　課	1,340(*3)
(借)	現　　　　　　金	3,000	(貸)	受取利息配当金	3,000(*4)
(借)	雑　　　損　　　失(*5)	380	(貸)	現　　　　　　金	380(*6)

(*1)　未使用分を「貯蔵品」に振り替える。

(注)　前T/Bに貯蔵品勘定がないため，費用主義を採用していると判断する。

(*2)　郵便切手

(*3)　収入印紙

(*4)　株主配当金領収証

(*5)　現金の不足額は「雑損失」として処理する。

(*6)　現金帳簿残高24,980(*7)－現金実際有高24,600(*8)＝380

(*7)　前T/B 現金21,980＋3,000(*4)＝24,980

(*8)　硬貨・紙幣3,610＋他人振出小切手17,340＋郵便為替証書170＋振替貯金払出証書480

　　　　　　　　　　　　　　　　　　　　　　＋株主配当金領収証3,000＝24,600

（参考1）現金の範囲

通貨	紙幣・硬貨（外国通貨を含む）	
通貨代用証券	①他社振出の当座小切手	他社が振り出した当座小切手
	②送金小切手	銀行経由の送金手段として銀行が交付する小切手
	③送金為替手形	銀行経由の送金手段として銀行が振込に対し交付する為替手形
	④預金手形	銀行が預金者のサービスとして現金の代用として交付する証券
	⑤郵便為替証書	郵便局が送金者の依頼にもとづいて交付する証券
	⑥振替貯金払出証書	振替貯金にもとづいて郵便局が交付する払出証書
	⑦期限到来後公社債利札	公債や社債の証券にあらかじめ印刷されている利息の受領証
	⑧株主配当金領収証	保有株式に交付された配当金の受領証
	⑨一覧払手形	受取人が支払人に呈示した日が満期とされる手形

（2）当座預金

① 未渡小切手に係る仕訳

（借）	当 座 預 金	3,300	（貸）	買 掛 金(*1)	3,300

(*1) 未渡小切手が仕入先に対するものである場合，買掛金が決済されていないので，買掛金の増加（買掛金の減少の取消）として処理する。また，仕入先以外に対するものである場合，商品売買以外の取引における代金の未払であるので，未払金の増加（未払金の減少の取消）として処理する。

未渡小切手 → 対仕入先 → 買掛金の増加（買掛金の減少の取消）
→ 上記以外 → 未払金の増加（未払金の減少の取消）

② 売掛金の振込未記帳に係る仕訳

（借）	当 座 預 金	8,500	（貸）	売 掛 金	8,500

③ 売掛金の振込誤記帳に係る仕訳

ⅰ 実際に行われた仕訳

（借）	当 座 預 金	5,400	（貸）	売 掛 金	5,400

ⅱ あるべき仕訳

（借）	当 座 預 金	4,500	（貸）	売 掛 金	4,500

ⅲ 修正仕訳（ⅱ－ⅰ）

（借）	売 掛 金	900	（貸）	当 座 預 金	900

（注） 未取付小切手，時間外預入については銀行側で修正するため，当社では仕訳を行わない。

銀行勘定調整表

当座預金勘定残高		241,020	銀行証明書残高	∴	249,120
加算：未渡小切手		3,300	加算：時間外預入		4,000
売掛金未記帳		8,500			
計		252,820	計		253,120
減算：売掛金誤記帳		900	減算：未取付小切手		1,200
調整後残高		251,920	調整後残高		251,920

2．商　品

(1) 売上原価の算定及び期末評価

(借)	仕 入	380,000	(貸)	繰 越 商 品	380,000(*1)
(借)	繰 越 商 品	412,800(*2)	(貸)	仕 入	412,800
(借)	棚 卸 減 耗 費	25,800(*3)	(貸)	繰 越 商 品	48,300
	商 品 低 価 評 価 損	22,500(*4)			

(*1)　原価@380×前期末実地数量1,000個＝380,000

(注)　前期末においては，正味売却価額が原価を上回っているため原価で評価していることに注意すること。

(*2)　原価@430×当期末帳簿数量960個＝412,800

(*3)　原価@430×(当期末帳簿数量960個－当期末実地数量900個)＝25,800

(*4)　(原価@430－正味売却価額@405)×当期末実地数量900個＝22,500

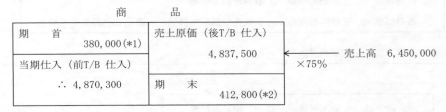

商　　　品

| 期　首
　　　　380,000(*1) | 売上原価（後T/B 仕入）
　　　　4,837,500 |
| 当期仕入（前T/B 仕入）
　∴　4,870,300 | 期　末
　　　　412,800(*2) |

← 売上高　6,450,000
×75%

◎　前T/B 仕入：4,870,300

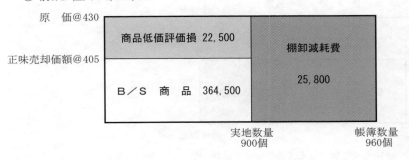

原　価@430

| 商品低価評価損　22,500 | 棚卸減耗費 |
| B／S 商　品　364,500 | 25,800 |

正味売却価額@405

実地数量　900個　　　　帳簿数量　960個

（参考2）棚卸資産の期末評価

1．正味売却価額

　　正味売却価額とは売価から見積販売直接経費を控除したものをいう。なお，見積販売直接経費とは販売手数料や物流関連費などの費用をいう。また，受験上，特に指示がない場合には「時価」と正味売却価額は同義と考えて良いであろう。

正味売却価額 ＝ 売　価 － 見積販売直接経費

2．期末評価

　　通常の販売目的で保有する棚卸資産は，**取得原価をもって貸借対照表価額**とし，期末における**正味売却価額が取得原価よりも下落している場合**には，当該正味売却価額をもって貸借対照表価額とする。

　　この場合，取得原価と正味売却価額との差額は「**商品低価評価損**」勘定で当期の費用として処理する。

(1) 取得原価 ＜ 正味売却価額 → 取得原価で評価
(2) 取得原価 ＞ 正味売却価額 → 正味売却価額で評価し，商品低価評価損を計上

(1) 取得原価 ＜ 正味売却価額 → 取得原価で評価

仕　訳　な　し

B/S 商　品 ＝ 期末帳簿棚卸高 － 棚卸減耗費 　　　　　　＝ ＠原価 × 期末実地数量

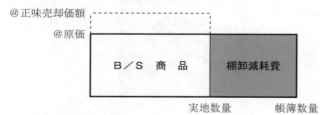

(2) 取得原価 ＞ 正味売却価額 → 正味売却価額で評価

(借) 商 品 低 価 評 価 損　　×××(*1) (貸) 繰　越　商　品　　×××

(*1) 簿価－正味売却価額

B/S 商　品 ＝ 期末帳簿棚卸高 － 棚卸減耗費 － 商品低価評価損 　　　　　　＝ ＠正味売却価額 × 期末実地数量

商品低価評価損 ＝ （＠原価 － ＠正味売却価額） × 期末実地数量

（参考３）棚卸資産の評価損等のP/L 表示について

	売上原価の内訳科目	販　売　費	営業外費用	特　別　損　失
商品低価評価損	○	—	—	△
棚卸減耗費　原価性あり	○	○	—	—
棚卸減耗費　原価性なし	—	—	○	○

（注）原価性の有無とは，正常な営業活動のもとでの不可避性の有無を意味し，毎期経常的に発生する程度の
　　　正常なものを「原価性を有する」といい，異常なものを「原価性を有しない」という。

３．有価証券（ＳＳ社株式）

（借）有 価 証 券 評 価 損 益	1,000(*1)	（貸）有 価 証 券	1,000

（*1）　取得原価93,960－当期末時価92,960＝1,000

４．固定資産

（1）建　物

①　×10年９月30日火災発生時（未処理）

（借）建 物 減 価 償 却 累 計 額	67,500	（貸）建　　物	200,000
建 物 減 価 償 却 費	2,250(*1)		
火 災 未 決 算	130,250(*2)		

（*1）　$200,000 \times 0.9 \div 40年 \times \dfrac{6ヶ月（X10.4〜X10.9）}{12ヶ月} = 2,250$

（*2）　200,000－67,500－2,250(*1)＝消失時簿価130,250

②　×11年３月31日保険金連絡時（未処理）

（借）未 収 入 金	125,000	（貸）火 災 未 決 算	130,250(*2)
火 災 損 失	5,250		

③　減価償却

（借）建 物 減 価 償 却 費	13,500(*3)	（貸）建 物 減 価 償 却 累 計 額	13,500

（*3）　（800,000－200,000）×0.9÷40年＝13,500

（2）車　両

（借）車 両 減 価 償 却 費	7,938(*1)	（貸）車 両 減 価 償 却 累 計 額	7,938

（*1）　$126,000 \times 0.9 \times \dfrac{当期の走行距離７万km(*2)}{総走行可能距離100万km} = 7,938$

（*2）　当期末累積走行距離52万km－前期末累積走行距離45万km＝７万km

（3）備　品

（借）備 品 減 価 償 却 費	101,250(*1)	（貸）備　品	101,250

（*1）　前T/B 備品405,000×0.25＝101,250

5．貸倒引当金

(借)	貸　倒　引　当　金	4,000	(貸)	貸　　倒　　損　　失	4,000(*1)
(借)	貸 倒 引 当 金 繰 入 額	4,400(*2)	(貸)	貸　倒　引　当　金	4,400

(*1)　前期発生売掛金

(*2)　(受取手形290,000＋売掛金230,000(*3))×2％－(前T/B 貸倒引当金10,000－4,000(*1))＝4,400

(*3)　前T/B 237,600－未処理8,500＋誤処理900＝230,000

6．経過勘定

(借)	販　売　管　理　費	750	(貸)	未 払 販 売 管 理 費	750
(借)	前　払　利　息	560	(貸)	支　払　利　息	560

7．法人税等

(借)	法人税，住民税及び事業税	470,000	(貸)	仮 払 法 人 税 等	280,000
				未 払 法 人 税 等	190,000(*1)

(*1)　470,000－280,000＝190,000

Ⅲ. 決算整理後残高試算表

決算整理後残高試算表

×11年3月31日

現　　　　　　　金	24,600	支　払　手　形	168,180
当　座　預　金	251,920	買　　掛　　金	177,220
受　取　手　形	290,000	未払販売管理費	750
売　　掛　　金	230,000	未払法人税等	190,000
有　価　証　券	92,960	貸　倒　引　当　金	10,400
繰　越　商　品	364,500	長　期　借　入　金	200,000
貯　　蔵　　品	2,460	建物減価償却累計額	216,000
前　払　利　息	560	車両減価償却累計額	58,968
未　収　入　金	125,000	資　　本　　金	1,535,600
建　　　　　　物	600,000	利　益　準　備　金	300,000
車　　　　　　両	126,000	繰越利益剰余金	286,000
備　　　　　　品	303,750	売　　　　　上	6,450,000
土　　　　　　地	1,385,000	受取利息配当金	7,900
長　期　貸　付　金	160,000		
仕　　　　　　入	4,837,500		
商　品　低　価　評　価　損	22,500		
販　売　管　理　費	119,540		
棚　卸　減　耗　費	25,800		
貸　倒　損　失	2,400		
貸倒引当金繰入額	4,400		
通　　信　　費	8,580		
租　税　公　課	6,220		
建物減価償却費	15,750		
車両減価償却費	7,938		
備品減価償却費	101,250		
支　払　利　息	14,560		
有価証券評価損益	1,000		
雑　　損　　失	1,580		
火　災　損　失	5,250		
法人税，住民税及び事業税	470,000		
	9,601,018		9,601,018

Ⅳ. 備品の貸借対照表表示（間接控除形式）

　　貸借対照表には有形固定資産の取得原価が判明するように，原則として，各科目別に取得原価から減価償却累計額を間接的に控除する形式（間接控除形式）で表示する。なお，直接法・間接法どちらの記帳方法を採用していても，貸借対照表における表示は同じとなる。

| （借）備 品 | 848,250(*1) | （貸）備 品 減 価 償 却 累 計 額 | 848,250 |

(*1)　取得原価1,152,000(*2)－後T/B 備品303,750＝848,250

(*2)　備品の取得原価をAとおくと，以下の式が成り立つ。

$$A - A \times 0.25 \times \frac{8 \, \text{ヶ月 (X6.8〜X7.3)}}{12 \, \text{ヶ月}} = 960,000 (*3) \leftarrow \times 7 \text{年} 3 \text{月末における簿価}$$

$$\therefore \ A = 1,152,000$$

(*3)　備品の×7年3月31日時点の帳簿価額をBとおくと，以下の式が成り立つ。

$$B \times (1 - 0.25)^3 = \text{前T/B 備品} 405,000 \ \rightarrow \ \therefore \ B = 960,000$$

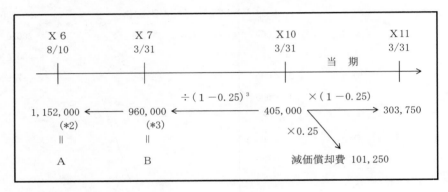

【MEMO】

商品売買業を営むTAC株式会社の当事業年度（自×10年4月1日　至11年3月31日）における下記の〔資料〕を参照して，答案用紙に示されている損益計算書，株主資本等変動計算書及び貸借対照表を完成させなさい。

〔資料Ⅰ〕　決算整理前残高試算表

決算整理前残高試算表
×11年3月31日　　　　　　　　　　　　　　（単位：千円）

借方	金額	貸方	金額
現　金　預　金	326,018	支　払　手　形	269,000
受　取　手　形	280,000	買　掛　金	318,000
売　掛　金	364,000	貸　倒　引　当　金	10,400
有　価　証　券	65,000	長　期　借　入　金	（　　　　）
繰　越　商　品	154,000	建物減価償却累計額	302,400
建　物	600,000	機械減価償却累計額	52,500
機　械	150,000	車両減価償却累計額	15,000
車　両	50,000	資　本　金	1,600,000
土　地	1,717,000	資　本　準　備　金	100,000
長　期　貸　付　金	220,000	利　益　準　備　金	（　　　　）
仕　入	1,567,000	任　意　積　立　金	（　　　　）
営　業　費	262,857	繰　越　利　益　剰　余　金	（　　　　）
貸　倒　損　失	5,000	売　上	2,272,000
租　税　公　課	5,765	受　取　利　息　配　当　金	12,000
建　物　減　価　償　却　費	（　　　　）	（　　　　　）	（　　　　）
支　払　利　息	6,500		
支　払　手　数　料	560		
	（　　　　）		（　　　　）

〔資料Ⅱ〕　決算整理事項等

1．商品売買等

　(1) 期末商品帳簿数量は 2,000個，期末商品実地数量は 1,960個である。

　(2) 期末商品の原価は@80千円である。

2．固定資産

(1) 減価償却

種　類	方　　　法	残存価額	耐用年数
建　物	定　額　法	10%	25年
機　械	定　額　法	10%	6年
車　両	生産高比例法	10%	―

(2) 当期首より15年前に一括取得した建物（取得原価 200,000千円）が×10年12月21日に火災により焼失した。その際，保険会社に保険金 101,600千円を請求し，後日保険金を全額受け取った。

(3) 当期において建物 250,000千円を×11年2月14日に購入し，代金は約束手形（支払期日×12年10月31日）を振り出しているが，未処理である。なお，当該建物は購入日の翌日より使用している。

(4) 車両は過年度に一括取得したものであり，総走行距離は 300万km，前期末までの走行距離は 100万km，当期における走行距離は60万kmである。

3．有価証券

　×10年6月2日に当社が所有するQ社株式（〔資料Ⅰ〕の有価証券）のすべてを68,000千円で売却し，代金は当座により受け取ったが，未処理である。なお，Q社株式は×10年2月15日に63,000千円で取得したものであり，前期末における時価は65,000千円である。

4．新株の発行

　当社は×11年1月10日に株式30,000株を＠ 7,500円で発行し，払込金を当座としたが未処理である。なお，資本金組入額は 4,500円／株である。

5．引当金

　売上債権期末残高に対して2％の貸倒引当金を差額補充法により設定する。

6．剰余金の配当等

　当期の株主総会（×10年6月28日）において以下のような決議を行い，配当金については当座により支払った。

　　　任意積立金の取崩：45,000千円

　　　任意積立金の積立：50,000千円

　　　配　　　当　　金：60,000千円

7．経過勘定

　　　見　越：営 業 費　　5,252千円

　　　繰　延：支払利息　　　500千円

8．法人税，住民税及び事業税

　法人税92,508千円，住民税38,575千円及び事業税13,176千円を計上する。

【解　答】

損　益　計　算　書（単位：千円）

自×10年4月1日　至×11年3月31日

I　売　上　高	（　2,272,000　）	IV　営　業　外　収　益	
II　売　上　原　価		1　受取利息配当金（　　12,000　）	
1　期首商品棚卸高（　154,000　）		2（有価証券売却益）（★　　3,000　）	（　15,000　）
2　当期商品仕入高（　1,567,000　）		V　営　業　外　費　用	
合　　計（　1,721,000　）		1　支　払　利　息（★　6,000　）	
3　期末商品棚卸高（★　160,000　）		2　支　払　手　数　料（　560　）	（　6,560　）
差　　引（　1,561,000　）		経　常　利　益	（　374,886　）
4（棚卸減耗費）（★　3,200　）	（　1,564,200　）	VI　特　別　利　益	
売　上　総　利　益	（　707,800　）	1（保　険　差　益）（★　15,000　）	（　15,000　）
III　販売費及び一般管理費		税引前当期純利益	（　389,886　）
1　営　業　費（★　268,109　）		法人税，住民税及び事業税	（★　144,259　）
2　貸　倒　損　失（　5,000　）		当　期　純　利　益	（★　245,627　）
3　貸倒引当金繰入額（★　2,480　）			
4　租　税　公　課（　5,765　）			
5　建物減価償却費（★　28,500　）			
6　機械減価償却費（　22,500　）			
7　車両減価償却費（★　9,000　）	（　341,354　）		
営　業　利　益	（　366,446　）		

株主資本等変動計算書

自×10年4月1日 至×11年3月31日

（単位：千円）

	株主資本									純資産合計
	資本金	資本剰余金		利益剰余金					株主資本合計	
		資本準備金	資本剰余金合計	利益準備金	その他利益剰余金		利益剰余金合計			
					任意積立金	繰越利益剰余金				
当期首残高	1,600,000	100,000	100,000	146,000	124,000	242,800	512,800	2,212,800	2,212,800
当期変動額									
新株の発行	135,000	★90,000	90,000					225,000	225,000
任意積立金の取崩					△45,000	★45,000	0	0	0
任意積立金の積立					★50,000	△50,000	0	0	0
剰余金の配当				6,000		△66,000	△60,000	△60,000	△60,000
当期純利益						245,627	245,627	245,627	245,627
当期変動額合計	135,000	90,000	90,000	6,000	5,000	174,627	185,627	★410,627	410,627
当期末残高	1,735,000	190,000	190,000	★152,000	129,000	417,427	698,427	2,623,427	2,623,427

貸 借 対 照 表

×11年3月31日　　　　　　　　　　　　　　　　　　（単位：千円）

資 産 の 部				負 債 の 部		
I 流 動 資 産				I 流 動 負 債		
現 金 及 び 預 金		（★ 619,018）		支 払 手 形		（ 269,000）
受 取 手 形	（ 280,000）			買 掛 金		（ 318,000）
貸 倒 引 当 金	（△ 5,600）	（★ 274,400）		未 払 費 用		（ 5,252）
売 掛 金	（ 364,000）			未 払 法 人 税 等		（★ 144,259）
貸 倒 引 当 金	（△ 7,280）	（ 356,720）		流 動 負 債 合 計		（ 736,511）
商 品		（★ 156,800）		II 固 定 負 債		
前 払 費 用		（ 500）		長 期 借 入 金		（★ 360,000）
流 動 資 産 合 計		（ 1,407,438）		長期営業外支払手形		（★ 250,000）
II 固 定 資 産				固 定 負 債 合 計		（ 610,000）
1 有 形 固 定 資 産				負 債 合 計		（ 1,346,511）
建 物	（ 850,000）			純 資 産 の 部		
減価償却累計額	（△325,500）	（★ 524,500）		I 株 主 資 本		
機 械	（★ 150,000）			1 資 本 金		（★1,735,000）
減価償却累計額	（△ 75,000）	（ 75,000）		2 資 本 剰 余 金		
車 両	（ 50,000）			資 本 準 備 金	（ 190,000）	
減価償却累計額	（△ 24,000）	（ 26,000）		資 本 剰 余 金 合 計		（ 190,000）
土 地		（ 1,717,000）		3 利 益 剰 余 金		
有 形 固 定 資 産 合 計		（ 2,342,500）		利 益 準 備 金	（ 152,000）	
2 投資その他の資産				その他利益剰余金		
長 期 貸 付 金		（ 220,000）		任 意 積 立 金	（ 129,000）	
投資その他の資産合計		（ 220,000）		繰 越 利 益 剰 余 金	（ 417,427）	
固 定 資 産 合 計		（ 2,562,500）		利 益 剰 余 金 合 計		（ 698,427）
				株 主 資 本 合 計		（ 2,623,427）
				純 資 産 合 計		（ 2,623,427）
資 産 合 計		（ 3,969,938）		負 債 純 資 産 合 計		（ 3,969,938）

【採点基準】

★ 4点×25箇所＝100点

【解答時間及び得点】

	日 付	解答時間	得 点	Ｍ Ｅ Ｍ Ｏ
1	／	分	点	
2	／	分	点	
3	／	分	点	
4	／	分	点	
5	／	分	点	

【チェック・ポイント】

出題分野	出題論点	日 付				
		／	／	／	／	／
個 別 論 点	有 価 証 券 の 売 却					
	臨 時 損 失					
	営 業 外 手 形					
	株 主 資 本 等 変 動 計 算 書					

【解答への道】（単位：千円）

Ⅰ．〔資料Ⅰ〕の空欄推定

建物減価償却費：　5,400　← 後述（Ⅱ．2．(1) ①参照）

長 期 借 入 金：360,000　← 貸借差額

利 益 準 備 金：152,000　← 期首T/B 146,000＋配当に伴う積立6,000

任 意 積 立 金：129,000　← 期首T/B 124,000＋積立50,000－取崩45,000

繰越利益剰余金：171,800　← 後述（Ⅱ．6．参照）

保 険 差 益：　15,000　← 後述（Ⅱ．2．(1) ①参照）

Ⅱ．決算整理仕訳等

1．商品売買等（売上原価の算定及び棚卸減耗費の計上）

（借）	仕	入	154,000	（貸）	繰 越 商 品	154,000
（借）	繰 越 商 品		160,000	（貸）	仕 入	160,000 (*1)
（借）	棚 卸 減 耗 費		3,200 (*2)	（貸）	繰 越 商 品	3,200

(*1)　原価@80×帳簿数量2,000個＝160,000

(*2)　原価@80×（帳簿数量2,000個－実地数量1,960個）＝3,200

原　価@80

```
┌──────────────────────┬──────────┐
│                      │ 棚  卸   │
│   B／S 商 品          │ 減耗費   │
│   156,800            │          │
│                      │ 3,200    │
│                      │ (*2)     │
└──────────────────────┴──────────┘
        実  地          帳  簿
       1,960個         2,000個
```

2．固定資産

(1) 建　物

① 建物焼失（処理済）

(借)	建物減価償却累計額	108,000(*1)	(貸)	建　　　　　物	200,000
	建物減価償却費	5,400(*2)			
	火　災　未　決　算	86,600(*3)			
(借)	現　金　預　金	101,600	(貸)	火　災　未　決　算	86,600(*3)
				保　険　差　益	15,000(*4)

(*1)　200,000×0.9÷25年×15年＝108,000

(*2)　$200,000×0.9÷25年×\dfrac{9ヶ月（X10.4〜X10.12）}{12ヶ月}=5,400$

(*3)　貸借差額

(*4)　貸借差額

◎　前T/B　建物減価償却費：5,400(*2)

◎　前T/B　保険差益：15,000(*4)

② 新建物購入（未処理）

(借)	建　　　　　物	250,000	(貸)	長 期 営 業 外 支 払 手 形	250,000

(注)　営業外の支払手形は「営業外支払手形」勘定で処理する。但し、「建物（固定資産）購入支払手形」勘定で処理してもよい。また、営業外手形は一年基準により、貸借対照表上、流動・固定分類される。

(参考1)　手形に関する勘定科目

1．主たる営業取引（商品売買取引）から生ずるもの（正常営業循環基準により必ず流動資産・流動負債）
→　受取手形・支払手形勘定

2．主たる営業取引以外（商品売買取引以外）から生ずるもの（一年基準により流動固定分類される）

(1) 通常の取引（固定資産の売買等）
→　営業外受取手形・営業外支払手形勘定

(2) 金銭の消費貸借（借用証書の代用）
→　手形貸付金・手形借入金勘定

③　減価償却

(借)	建 物 減 価 償 却 費	23,100(*5)	(貸)	建 物 減 価 償 却 累 計 額	23,100

(*5)　$前T/B 600,000×0.9÷25年＋新建物250,000×0.9÷25年×\dfrac{2ヶ月（X11.2〜X11.3）}{12ヶ月}=23,100$

(2) 機 械

(借)	機 械 減 価 償 却 費	22,500(*1)	(貸)	機 械 減 価 償 却 累 計 額	22,500

(*1) $150,000 \times 0.9 \div 6 年 = 22,500$

(3) 車 両

(借)	車 両 減 価 償 却 費	9,000(*1)	(貸)	車 両 減 価 償 却 累 計 額	9,000

(*1) $50,000 \times 0.9 \times \dfrac{60万km}{300万km} = 9,000$

3．有価証券（未処理）

(借)	現 金 預 金	68,000	(貸)	有 価 証 券	65,000(*1)
				有 価 証 券 売 却 損 益	3,000

(*1) 前期末時価

(注) 前T/B 上，有価証券勘定が前期末時価で計上されていることから，切放方式を採用していると判断する。

（参考２）売買目的有価証券の評価差額の処理

売買目的有価証券に係る評価差額の処理は切放方式又は洗替方式のいずれによることもできる。

１．切放方式

切放方式とは第１期期末において時価評価したならば，第２期は第１期期末の時価を帳簿価額として処理する方法である。したがって，切放方式の場合には，第２期期首において振戻処理は不要である。

２．洗替方式

洗替方式とは第１期期末において時価評価したとしても，第２期期首において帳簿価額を取得原価に戻して処理する方法である。したがって，洗替方式の場合には，第２期期首において振戻処理が必要となる。

	帳 簿 価 額	
	第１期期末	第２期期首
切放方式	第１期期末時価	第１期期末時価
洗替方式		取 得 原 価

4．新株の発行（未処理）

(借)	現　金　預　金	225,000(*1)	(貸)	資　　　本　　　金	135,000(*2)
				資　本　準　備　金	90,000(*3)

(*1)　払込価額@7,500円×交付株式数30,000株＝225,000

(*2)　資本金組入額@4,500円×交付株式数30,000株＝135,000

(*3)　貸借差額

5．貸倒引当金

(借)	貸倒引当金繰入額	2,480(*1)	(貸)	貸　倒　引　当　金	2,480

(*1)　（受取手形280,000＋売掛金364,000）×2％－前T/B 貸倒引当金10,400＝2,480

6．剰余金の配当等（処理済）

(借)	任　意　積　立　金	45,000	(貸)	繰　越　利　益　剰　余　金	45,000
(借)	繰　越　利　益　剰　余　金	50,000	(貸)	任　意　積　立　金	50,000
(借)	繰　越　利　益　剰　余　金	66,000	(貸)	利　益　準　備　金	6,000(*1)
				未　払　配　当　金	60,000
(借)	未　払　配　当　金	60,000	(貸)	現　金　預　金	60,000

(*1)　配当時における資本金$1,600,000 \times \dfrac{1}{4}$

$\qquad$－配当時における（資本準備金100,000＋利益準備金146,000）＝154,000

$\qquad$配当金$60,000 \times \dfrac{1}{10} = 6,000$ $\longrightarrow$ ∴ 6,000（いずれか小）

◎　前T/B 繰越利益剰余金：期首T/B 242,800＋45,000－50,000－66,000＝171,800

7．経過勘定

(借)	営　　　業　　　費	5,252	(貸)	未　払　営　業　費	5,252
(借)	前　払　利　息	500	(貸)	支　払　利　息	500

8．法人税，住民税及び事業税

(借)	法人税，住民税及び事業税	144,259(*1)	(貸)	未　払　法　人　税　等	144,259

(*1)　法人税92,508＋住民税38,575＋事業税の所得割13,176＝144,259

Ⅲ. 決算整理後残高試算表

決算整理後残高試算表

×11年3月31日

現　金　預　金	619,018	支　払　手　形	269,000
受　取　手　形	280,000	買　　掛　　金	318,000
売　　掛　　金	364,000	未　払　営　業　費	5,252
繰　越　商　品	156,800	未　払　法　人　税　等	144,259
前　払　利　息	500	貸　倒　引　当　金	12,880
建　　　　　物	850,000	長　期　借　入　金	360,000
機　　　　　械	150,000	長期営業外支払手形	250,000
車　　　　　両	50,000	建物減価償却累計額	325,500
土　　　　　地	1,717,000	機械減価償却累計額	75,000
長　期　貸　付　金	220,000	車両減価償却累計額	24,000
仕　　　　　入	1,561,000	資　　本　　金	1,735,000
棚　卸　減　耗　費	3,200	資　本　準　備　金	190,000
営　　業　　費	268,109	利　益　準　備　金	152,000
貸　倒　損　失	5,000	任　意　積　立　金	129,000
貸倒引当金繰入額	2,480	繰越利益剰余金	171,800
租　税　公　課	5,765	売　　　　　上	2,272,000
建　物　減　価　償　却　費	28,500	受取利息配当金	12,000
機　械　減　価　償　却　費	22,500	有価証券売却損益	3,000
車　両　減　価　償　却　費	9,000	保　険　差　益	15,000
支　払　利　息	6,000		
支　払　手　数　料	560		
法人税，住民税及び事業税	144,259		
	6,463,691		6,463,691

（参考３）　株主資本等変動計算書
　１．意　義
　　　株主資本等変動計算書とは，貸借対照表における純資産の部の一会計期間における変動額のうち，主と
　　して，株主に帰属する部分である株主資本の各項目の変動事由を報告するために作成するものである。
　２．貸借対照表との関係
　　　株主資本等変動計算書に表示される各項目の当期首残高及び当期末残高は，前期及び当期の貸借対照表
　　の純資産の部における各項目の期末残高と整合したものでなければならない。

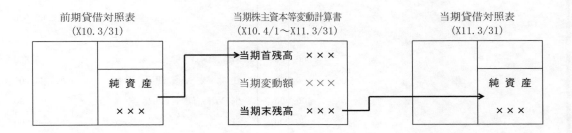

　３．表示方法
　（1）株主資本
　　　　純資産の部における株主資本の各項目は，当期首残高，当期変動額及び当期末残高に区分し，**当期変
　　動額は変動事由ごとにその金額を表示する**。また，損益計算書の当期純利益（又は，当期純損失）は，
　　その他利益剰余金，又は，その内訳科目である繰越利益剰余金の変動事由として表示する。

　（2）株主資本以外
　　　　純資産の部における株主資本以外の各項目は，当期首残高，当期変動額及び当期末残高に区分し，**当
　　期変動額は純額で表示する**。ただし，当期変動額について主な変動事由ごとにその金額を表示する（注
　　記も含む）ことができる。

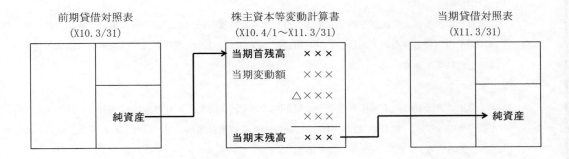

　商品売買業を営むTAC株式会社の第3期（自×10年4月1日　至×11年3月31日）における下記の〔**資料**〕を参照して，〔**資料Ⅲ**〕における①～⑳に該当する金額を答えなさい。なお，千円未満の端数が生じる場合は，最終数値の千円未満を四捨五入すること。

〔**資料Ⅰ**〕　決算整理前残高試算表

決算整理前残高試算表

×11年3月31日　　　　　　　　　　（単位：千円）

現　　　　　金	63,141	支　払　手　形	385,990
当　座　預　金	（　　　　）	買　　掛　　金	266,000
受　取　手　形	350,000	仮　　受　　金	（　　　　）
売　　掛　　金	300,000	貸　倒　引　当　金	5,850
繰　越　商　品	185,000	建物減価償却累計額	28,800
建　　　　　物	400,000	備品減価償却累計額	32,750
備　　　　　品	80,000	資　　本　　金	800,000
土　　　　　地	1,300,000	繰越利益剰余金	（　　　　）
商　　標　　権	18,900	売　　　　　上	2,520,000
借　　地　　権	30,000	有価証券利息	（　　　　）
投　資　有　価　証　券	（　　　　）		
仕　　　　　入	1,630,000		
営　　業　　費	172,799		
消　耗　品　費	5,000		
手　形　売　却　損	2,000		
	（　　　　）		（　　　　）

〔**資料Ⅱ**〕　決算整理事項等

1．当座預金

　　決算日に当座預金出納帳を調査したところ，AA銀行残高が 424,700千円（借方残高），BB銀行残高が 15,000千円（貸方残高）であることが判明した。なお，当社は両銀行と当座借越契約（借越限度額50,000千円）を締結している。

2．手形の割引

　　×11年3月22日に，手許保有の手形（額面50,000千円，得意先RR社振出，満期日×11年4月20日）をAA銀行で割り引き，割引料が差し引かれた残額を当座に預け入れたが，預け入れ額を仮受金として処理したのみである。なお，割引料は年 7.3%である。

3．商　品

期末商品の原価に関するデータは以下のとおりである。

期末商品帳簿棚卸高：183,000千円　　期末商品実地棚卸高：170,000千円

4．消耗品

消耗品に関するデータは以下のとおりである。

期首残高：400千円　　当期購入：4,600千円　　期末残高：500千円

5．固定資産等

(1) 減価償却を以下のとおり行う。

建　物：定額法，残存価額10％，年償却率4％

備　品：定率法，残存価額10％，年償却率25％

(2) ×10年11月23日に備品（取得原価20,000千円，当期首減価償却累計額8,750千円）を10,000千円で売却したが，未処理である。なお，代金は×11年4月4日に受け取る契約である。

(3) 商標権は×9年1月10日に取得し，10年間にわたり月割償却を行っている。

(4) 借地権は×10年2月1日に取得したものである。

(5) 期中に固定資産税50,000千円を現金で支払ったが，未処理である。

6．有価証券

×10年4月1日に社債（額面 500,000千円）を額面@ 100円につき@95円，年利率2％，利払日3月末日，償還期限5年の条件で取得し，満期保有目的の債券に分類した。なお，償却原価法（定額法）を採用している。

7．増　資

×10年12月1日に新株式 5,000株を@26千円で発行したが，払込金額については仮受金として処理したのみである。なお，資本金組入額は会社法規定の最低限度額とする。

8．貸倒引当金

売上債権期末残高に対し，12,000千円の貸倒引当金を差額補充法により設定する。

9．法人税，住民税及び事業税

法人税，住民税及び事業税として 250,000千円を計上する。

〔資料Ⅲ〕　当期財務諸表

損　益　計　算　書

自×10年4月1日　至×11年3月31日

Ⅰ	売　　　上　　　高	（　　　　　）	Ⅳ	営　業　外　収　益		
Ⅱ	売　上　原　価		1	有価証券利息	（　⑦　）	（　　　　　）
1	期首商品棚卸高	（　　　　　）	Ⅴ	営　業　外　費　用		
2	当期商品仕入高	（　　　　　）	1	手形売却損	（　⑧　）	（　　　　　）
	合　　　計	（　　　　　）		経　常　利　益		（　　　　　）
3	期末商品棚卸高	（　　　　　）	Ⅵ	特　別　利　益		
	差　　　引	（　　　　　）	1	備品売却益	（　⑨　）	（　　　　　）
4	棚卸減耗費	（　①　）（　　　　　）		税引前当期純利益		（　　　　　）
	売　上　総　利　益	（　　　　　）		法人税，住民税及び事業税		（　　　　　）
Ⅲ	販売費及び一般管理費			当　期　純　利　益		（　⑩　）
1	営　　　業　　　費	（　　　　　）				
2	貸倒引当金繰入額	（　　　　　）				
3	消　耗　品　費	（　②　）				
4	租　税　公　課	（　③　）				
5	建物減価償却費	（　④　）				
6	備品減価償却費	（　⑤　）				
7	商標権減価償却費	（　⑥　）（　　　　　）				
	営　業　利　益	（　　　　　）				

貸 借 対 照 表

×11年3月31日

資 産 の 部			負 債 の 部		
I 流 動 資 産			I 流 動 負 債		
現 金 及 び 預 金	(⑪)		支 払 手 形	( )	
受 取 手 形 ( )			買 掛 金	( )	
売 掛 金 ( )			短 期 借 入 金	(⑱)	
貸 倒 引 当 金 ( )	(⑫)		未 払 法 人 税 等	( )	
商 品	( )		流 動 負 債 合 計	( )	
貯 蔵 品	( )		負 債 合 計	( )	
未 収 入 金	(⑬)		純 資 産 の 部		
流 動 資 産 合 計	( )		I 株 主 資 本		
II 固 定 資 産			1 資 本 金	(⑲)	
1 有 形 固 定 資 産			2 資 本 剰 余 金		
建 物 ( )			(1) 資 本 準 備 金 (⑳)		
減価償却累計額 ( )	( )		資 本 剰 余 金 合 計	( )	
備 品 ( )			3 利 益 剰 余 金		
減価償却累計額 ( )	(⑭)		(1) 繰越利益剰余金 ( )		
土 地	( )		利 益 剰 余 金 合 計	( )	
有 形 固 定 資 産 合 計	( )		株 主 資 本 合 計	( )	
2 無 形 固 定 資 産			純 資 産 合 計	( )	
商 標 権	(⑮)				
借 地 権	(⑯)				
無 形 固 定 資 産 合 計	( )				
3 投 資 そ の 他 の 資 産					
投 資 有 価 証 券	(⑰)				
投資その他の資産合計	( )				
固 定 資 産 合 計	( )				
資 産 合 計	( )		負 債 純 資 産 合 計	( )	

【解　答】

①	13,000	②	4,500	③	50,000	④	14,400
⑤	10,875	⑥	2,160	⑦	15,000	⑧	2,300
⑨	625	⑩	377,441	⑪	437,841	⑫	588,000
⑬	10,000	⑭	27,000	⑮	16,740	⑯	30,000
⑰	480,000	⑱	15,000	⑲	865,000	⑳	65,000

【採点基準】

5点×20箇所＝100点

【解答時間及び得点】

	日 付	解答時間	得 点	ＭＥＭＯ
1	／	分	点	
2	／	分	点	
3	／	分	点	
4	／	分	点	
5	／	分	点	

【チェック・ポイント】

出題分野	出題論点	日 付				
		／	／	／	／	／
個 別 論 点	当 座 借 越					
	割 引 手 形 （ 割 引 料 の 計 算 ）					
	棚 卸 減 耗 費					
	有 形 固 定 資 産 の 売 却					
	無 形 固 定 資 産					
	租 税 公 課					
	満 期 保 有 目 的 の 債 券					
	増 資					
	繰 延 資 産					

【解答への道】（単位：千円）

I．〔資料 I 〕の空欄推定

当　座　預　金：　409,700 ← ＡＡ銀行借方残高424,700－ＢＢ銀行貸方残高15,000

投 資 有 価 証 券：　475,000 ← 額面500,000×$\dfrac{@\ 95円}{@100円}$

仮　　受　　金：　179,700 ←（手形額面50,000－割引料300(*1)）＋増資（@26×5,000株）

繰 越 利 益 剰 余 金：1,192,450 ← 貸借差額

有 価 証 券 利 息：　10,000 ← 額面500,000×2％

(*1)　手形額面50,000×7.3％×$\dfrac{割引日数30日（X11.3/22～4/20）}{365日}$＝300

II．決算整理仕訳等

1．当座預金（解説の便宜上，二勘定法に修正する）

（借）当　座　預　金	15,000	（貸）当　座　借　越(*1)	15,000

(*1)　ＢＢ銀行当座残高が貸方残高であるということは，ＢＢ銀行からの当座借越を意味する。なお，当座借越は，貸借対照表上，短期借入金として表示される。

当　座　預　金

ＡＡ銀行残高

ＢＢ銀行残高　　15,000(*1)

424,700　　　前T/B 409,700

(注)　当座借越の処理について，以下の2つの方法がある。

1．一勘定法

一勘定法とは，当座預金も当座借越も「当座預金」勘定のみを用いて処理する方法である。一勘定法では，当座預金勘定が借方残高の場合には「当座預金」を意味し，貸方残高の場合には「当座借越」を意味する。なお，「当座預金」勘定の代わりに，「当座」勘定を用いる場合がある。

2．二勘定法

二勘定法とは，資産としての当座預金については「当座預金」勘定を用いて，負債としての当座借越については「当座借越」勘定を用いて処理する方法である。二勘定法では「当座預金」勘定と「当座借越」勘定が設けられる。

	一　勘　定　法	二　勘　定　法	貸借対照表表示
当座預金がプラスの場合	「当座預金」勘定	「当座預金」勘定	「現 金 及 び 預 金」
当座預金がマイナスの場合		「当座借越」勘定	「短 期 借 入 金」

2．手形の割引

(1) 期中仕訳

(借)	当	座	預	金	49,700(*1)	(貸)	仮	受	金	49,700

(*1)　手形額面50,000－割引料300(*2)＝49,700

(*2)　手形額面50,000×7.3%× $\dfrac{\text{割引日数30日(X11.3/22〜4/20)}}{\text{365日}}$ ＝300

(注)　手形割引に係る割引日数は，割引日当日から満期日までの日数である。

(2) あるべき仕訳

(借)	当	座	預	金	49,700(*1)	(貸)	受	取	手 形	50,000
	手	形	売	却 損	300(*2)					

(3) 修正仕訳((2)－(1))

(借)	仮		受	金	49,700(*1)	(貸)	受	取	手 形	50,000
	手	形	売	却 損	300(*2)					

3．商品売買

(借)	仕			入	185,000	(貸)	繰	越 商	品	185,000
(借)	繰	越	商	品	183,000	(貸)	仕		入	183,000
(借)	棚	卸 減	耗	費	13,000(*1)	(貸)	繰	越 商	品	13,000

(*1)　帳簿棚卸高183,000－実地棚卸高170,000＝13,000

4．消耗品

（借）貯 蔵 品	500(*1)	（貸）消 耗 品 費	500

(*1)　期末残高

（参考1）費用主義及び資産主義について

1．費用主義（本問）

費用主義とは，期中は費用勘定（本問では消耗品費）で処理しておき，決算において未使用分を資産勘定（本問では貯蔵品）に振り替える方法である。

(1) 期首仕訳

（借）消 耗 品 費	400	（貸）貯 蔵 品	400

(2) 期中購入時の仕訳

（借）消 耗 品 費	4,600	（貸）当 座 預 金	4,600

(3) 決算整理仕訳

（借）貯 蔵 品	500	（貸）消 耗 品 費	500

2．資産主義

資産主義とは，期中は資産勘定（本問では貯蔵品）で処理しておき，決算において当期使用分を費用勘定（本問では消耗品費）に振り替える方法である。

(1) 期首仕訳

仕 訳 な し

(2) 期中購入時の仕訳

（借）貯 蔵 品	4,600	（貸）当 座 預 金	4,600

(3) 決算整理仕訳

（借）消 耗 品 費	4,500(*1)	（貸）貯 蔵 品	4,500

(*1)　期首400＋当期購入4,600－期末500＝使用分4,500

(注)　費用主義を採用していても資産主義を採用していても，後T/B における貯蔵品勘定の金額 500（未使用分），消耗品費勘定の金額 4,500（使用分）で同じとなる。

5．固定資産等

(1) 建　物

（借）	建物減価償却費	14,400(*1)	（貸）	建物減価償却累計額	14,400

(*1)　400,000×0.9×0.04＝14,400

(2) 備　品

（借）	備品減価償却累計額	8,750	（貸）	備　品	20,000
	備品減価償却費	1,875(*1)		備品売却益	625
	未収入金(*2)	10,000			
（借）	備品減価償却費	9,000(*3)	（貸）	備品減価償却累計額	9,000

(*1)　$(20,000-8,750) \times 0.25 \times \dfrac{8ヶ月（X10.4〜11）}{12ヶ月}＝1,875$

(*2)　固定資産の売却等の商品販売以外の取引における代金の未収は，未収入金勘定で処理する。なお，商品販売取引における代金の未収は，売掛金勘定で処理する。

(注)　代金の未収・未払

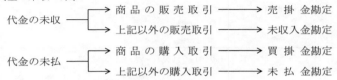

(*3)　{（前T/B 備品80,000－売却分20,000）

　　　　　　　　　－（前T/B 備品減価償却累計額32,750－売却分8,750）}×0.25＝9,000

(3) 商標権

（借）	商標権減価償却費	2,160(*1)	（貸）	商　標　権	2,160

(*1)　前T/B $18,900 \times \dfrac{12ヶ月（X10.4〜X11.3）}{105ヶ月（X10.4〜X18.12）}＝2,160$

(注)　無形固定資産は通常，**残存価額ゼロ**，**定額法**により**各償却期間で月割償却**を行う。ただし，鉱業権については生産高比例法によることも認められている。なお，記帳方法は減価償却累計額といった評価勘定を用いる方法はなく，帳簿価額から当期償却額を直接控除する。

(注)　無形固定資産のうち，**借地権**及び電話加入権は償却を行わないので，注意すること。

(4) 固定資産税

（借）	租　税　公　課(*1)	50,000	（貸）	現　金	50,000

(*1)　固定資産税は，租税公課勘定で処理し，損益計算書上，販売費及び一般管理費に計上する。

(注)　租税公課勘定とは，国税，地方税等の公租及び公共的出費たる組合，社団等の賦課金及び罰金等の課金を処理する勘定である。ただし，法人税，住民税及び事業税は，租税公課とは別に計上する。租税公課勘定で処理すべきものとしては，固定資産税，自動車税，印紙税等がある。

6．有価証券（満期保有目的の債券）

(借)	投 資 有 価 証 券	5,000(*1)	(貸)	有 価 証 券 利 息	5,000

(*1) $(500,000-475,000(*2)) \times \dfrac{12\text{ヶ月}(\text{X}10.4\sim\text{X}11.3)}{60\text{ヶ月}(\text{X}10.4\sim\text{X}15.3)}=5,000$

(*2) 額面$500,000 \times \dfrac{@\ 95\text{円}}{@100\text{円}}=475,000$

7．増　資

(1) 期中仕訳

(借)	当 座 預 金	130,000(*1)	(貸)	仮 受 金	130,000

(*1) @26×5,000株＝130,000

(2) あるべき仕訳

(借)	当 座 預 金	130,000(*1)	(貸)	資 本 金	65,000(*2)
				資 本 準 備 金	65,000(*2)

(*2) $130,000(*1) \times \dfrac{1}{2}=65,000$

(3) 修正仕訳（(2)−(1)）

(借)	仮 受 金	130,000(*1)	(貸)	資 本 金	65,000(*2)
				資 本 準 備 金	65,000(*2)

8．貸倒引当金

(借)	貸 倒 引 当 金 繰 入 額	6,150(*1)	(貸)	貸 倒 引 当 金	6,150

(*1) 12,000−前T/B 貸倒引当金5,850＝6,150

9．法人税，住民税及び事業税

(借)	法人税，住民税及び事業税	250,000	(貸)	未 払 法 人 税 等	250,000

Ⅲ．決算整理後残高試算表

決算整理後残高試算表
×11年3月31日

現　　　　　　金(*1)	13,141	支　払　手　形	385,990
当　座　預　金(*1)	424,700	買　掛　金	266,000
受　取　手　形	300,000	当　座　借　越(*2)	15,000
売　掛　金	300,000	未　払　法　人　税　等	250,000
繰　越　商　品	170,000	貸　倒　引　当　金	12,000
貯　蔵　品	500	建物減価償却累計額	43,200
未　収　入　金	10,000	備品減価償却累計額	33,000
建　　　物	400,000	資　本　金	865,000
備　　　品	60,000	資　本　準　備　金	65,000
土　　　地	1,300,000	繰　越　利　益　剰　余　金	1,192,450
商　標　権	16,740	売　上	2,520,000
借　地　権	30,000	有　価　証　券　利　息	15,000
投　資　有　価　証　券	480,000	備　品　売　却　益	625
仕　入	1,632,000		
棚　卸　減　耗　費	13,000		
営　業　費	172,799		
貸　倒　引　当　金　繰　入　額	6,150		
消　耗　品　費	4,500		
租　税　公　課	50,000		
建　物　減　価　償　却　費	14,400		
備　品　減　価　償　却　費	10,875		
商　標　権　減　価　償　却　費	2,160		
手　形　売　却　損	2,300		
法人税，住民税及び事業税	250,000		
	5,663,265		5,663,265

(*1)　貸借対照表上，現金13,141と当座預金 424,700はまとめて「現金及び預金」 437,841として表示する。

(*2)　貸借対照表上，当座借越15,000は「短期借入金」として表示される。

Ⅳ. 当期財務諸表

損 益 計 算 書

自×10年4月1日　至×11年3月31日

Ⅰ　売　　上　　高	（　2,520,000　）	Ⅳ　営　業　外　収　益	
Ⅱ　売　上　原　価		1　有価証券利息（⑦　15,000　）（　15,000　）	
1　期首商品棚卸高（　185,000　）		Ⅴ　営　業　外　費　用	
2　当期商品仕入高（　1,630,000　）		1　手形売却損（⑧　2,300　）（　2,300　）	
合　　　計（　1,815,000　）		経　常　利　益（　626,816　）	
3　期末商品棚卸高（　183,000　）		Ⅵ　特　別　利　益	
差　　　引（　1,632,000　）		1　備品売却益（⑨　625　）（　625　）	
4　棚卸減耗費（①　13,000　）（　1,645,000　）		税引前当期純利益（　627,441　）	
売上総利益（　875,000　）		法人税，住民税及び事業税（　250,000　）	
Ⅲ　販売費及び一般管理費		当　期　純　利　益（⑩　377,441　）	
1　営　　業　　費（　172,799　）			
2　貸倒引当金繰入額（　6,150　）			
3　消　耗　品　費（②　4,500　）			
4　租　税　公　課（③　50,000　）			
5　建物減価償却費（④　14,400　）			
6　備品減価償却費（⑤　10,875　）			
7　商標権減価償却費（⑥　2,160　）（　260,884　）			
営　業　利　益（　614,116　）			

貸 借 対 照 表

×11年3月31日

資 産 の 部			負 債 の 部		
I 流 動 資 産			I 流 動 負 債		
現 金 及 び 預 金		(⑪ 437,841)	支 払 手 形		(385,990)
受 取 手 形	(300,000)		買 掛 金		(266,000)
売 掛 金	(300,000)		短 期 借 入 金		(⑱ 15,000)
貸 倒 引 当 金	(12,000)	(⑫ 588,000)	未 払 法 人 税 等		(250,000)
商 品		(170,000)	流 動 負 債 合 計		(916,990)
貯 蔵 品		(500)	負 債 合 計		(916,990)
未 収 入 金		(⑬ 10,000)	純 資 産 の 部		
流 動 資 産 合 計		(1,206,341)	I 株 主 資 本		
II 固 定 資 産			1 資 本 金		(⑲ 865,000)
1 有 形 固 定 資 産			2 資 本 剰 余 金		
建 物	(400,000)		(1) 資 本 準 備 金	(⑳ 65,000)	
減 価 償 却 累 計 額	(43,200)	(356,800)	資 本 剰 余 金 合 計		(65,000)
備 品	(60,000)		3 利 益 剰 余 金		
減 価 償 却 累 計 額	(33,000)	(⑭ 27,000)	(1) 繰 越 利 益 剰 余 金	(1,569,891)	
土 地		(1,300,000)	利 益 剰 余 金 合 計		(1,569,891)
有 形 固 定 資 産 合 計		(1,683,800)	株 主 資 本 合 計		(2,499,891)
2 無 形 固 定 資 産			純 資 産 合 計		(2,499,891)
商 標 権		(⑮ 16,740)			
借 地 権		(⑯ 30,000)			
無 形 固 定 資 産 合 計		(46,740)			
3 投 資 そ の 他 の 資 産					
投 資 有 価 証 券		(⑰ 480,000)			
投資その他の資産合計		(480,000)			
固 定 資 産 合 計		(2,210,540)			
資 産 合 計		(3,416,881)	負 債 純 資 産 合 計		(3,416,881)

　商品売買業を営むＴＡＣ株式会社の当事業年度（自×10年4月1日　至×11年3月31日）における下記の〔**資料**〕を参照して，損益計算書及び貸借対照表に計上される以下の①から⑳の金額（単位：千円）を答案用紙の所定の欄に記入しなさい。

　　① 売上総利益

　　② 営業外収益の合計

　　③ 営業外費用の合計

　　④ 有形固定資産の合計

　　⑤ 営業費

　　⑥ 支払保険料

　　⑦ 貸倒損失

　　⑧ 貸倒引当金繰入額

　　⑨ のれん償却額

　　⑩ 現金及び預金

　　⑪ 有価証券

　　⑫ 前払費用

　　⑬ のれん

　　⑭ 長期前払費用

　　⑮ 支払手形

　　⑯ 買掛金

　　⑰ 未払法人税等

　　⑱ 役員賞与引当金

　　⑲ 資本準備金

　　⑳ 利益準備金

〔資料Ⅰ〕　前期における繰越試算表

繰 越 試 算 表

×10年3月31日　　　　　　　　　　　　　（単位：千円）

現　金　預　金	405,030	支　払　手　形	243,000
受　取　手　形	317,060	買　　掛　　金	537,064
売　　掛　　金	826,000	未　払　営　業　費	2,160
有　価　証　券	3,070	未　払　法　人　税　等	104,000
繰　越　商　品	524,200	役　員　賞　与　引　当　金	28,000
前　払　利　息	2,500	貸　倒　引　当　金	34,586
建　　　　　物	600,000	長　期　借　入　金	387,000
車　　　　　両	200,000	建物減価償却累計額	259,200
備　　　　　品	300,000	車両減価償却累計額	100,000
土　　　　　地	639,000	備品減価償却累計額	101,250
の　　れ　　ん	?	資　　本　　金	1,400,000
投　資　有　価　証　券	98,400	資　本　準　備　金	200,000
		利　益　準　備　金	144,000
		任　意　積　立　金	?
		繰　越　利　益　剰　余　金	306,000
	?		?

〔資料Ⅱ〕　当期における期中取引の要約

1．商品売買

(1)　仕入取引及び売上取引はすべて掛により行っている。

(2)　当期の仕入高は 2,624,000千円であり，売上高は 4,356,000千円である。

2．債権債務等

(1)　当期における買掛金の決済状況は以下のとおりである。

　　　約 束 手 形 の 振 出： 1,040,000千円

　　　小 切 手 の 振 出： 1,461,750千円

(2)　当期における売掛金の決済状況は以下のとおりである。

　　　他社振出約束手形の受取： 1,748,600千円

　　　自社振出約束手形の受取：　 21,000千円

　　　他社振出小切手の受取： 2,597,960千円

　　　なお，前期発生売掛金25,600千円及び当期発生売掛金 6,500千円が貸倒れた。

(3)　支払手形の決済はすべて当座により行っており，当期の決済額は 1,004,000千円である。

(4)　受取手形の決済はすべて当座により行っており，当期の決済額は 1,628,000千円である。

3．有価証券

　当期に保有した有価証券は以下のとおりである。なお，売買目的有価証券から生じる評価差額は洗替方式により処理している。

銘　柄	保有目的	取得原価	前期末時価
Ａ社株式	売買目的	3,250千円	3,070千円
Ｂ社株式	売買目的	7,220千円	―
Ｃ社社債	満期保有目的	96,000千円	97,700千円

(1)　Ａ社株式は×10年2月5日に取得したものである。なお，×10年5月13日にＡ社株式のすべてを 3,120 千円で売却し，売却代金は当座に預け入れている。

(2)　Ｂ社株式は×11年3月2日に取得したものである。

(3)　Ｃ社社債（額面金額 100,000千円，償還日×12年3月31日，年利率 2.4%，利払日3月末）は×7年4 月1日に取得したものである。なお，取得原価と額面金額との差額は金利の調整と認められるため，償却原価法（定額法）を適用している。また，当期に係る利息は当座に預け入れている。

4．保険料

　×10年10月1日に向こう2年分の保険料として38,500千円を支出した。

5．増　資

　×11年1月10日に新株 1,500株を@80千円で発行し，当座による払込を受けた。なお，資本金組入額は会社法規定の最低限度額とする。

6．剰余金の配当等

　株主総会（×10年6月25日）において以下の内容が決議され，配当金及び役員賞与については後日小切手を振り出して支払った。

　　　　配 当 金：80,000千円（財源は繰越利益剰余金）

　　　　役員賞与：28,000千円

7．現金預金勘定の要約

現 金 預 金				（単位：千円）
前期からの繰越分	405,030	支 払 手 形 の 決 済		1,004,000
受 取 手 形 の 決 済	1,628,000	買 掛 金 の 決 済		1,461,750
売 掛 金 の 決 済	2,597,960	保 険 料 の 支 払		38,500
有 価 証 券 の 売 却	3,120	有 価 証 券 の 取 得		7,220
有 価 証 券 利 息 の 受 取	？	配 当 金 の 支 払		80,000
新 株 発 行 に よ る 払 込	？	役 員 賞 与 の 支 払		28,000
		営 業 費 の 支 払		947,600
		法 人 税 等 の 支 出 （注）		170,000
		借 入 金 利 息 の 支 払		10,000

（注）　前期法人税等の未払分 104,000千円及び当期法人税等の中間申告分66,000千円である。

〔資料Ⅲ〕　決算整理事項等

1．期末商品帳簿棚卸高は 546,800千円であり，棚卸減耗等は生じていない。

2．減価償却

種 類	償却方法	残存価額	耐用年数
建 物	定額法	10％	30年
車 両	定額法	10％	6年
備 品	定額法	10％	8年

3．のれんは当期首より10年前に水道橋株式会社を取得した際に計上したものであり，発生より15年間にわたり定額法により償却する。なお，取得時における水道橋株式会社の諸資産の帳簿価額は 235,000千円 （時価 245,000千円），諸負債の帳簿価額は90,000千円 （時価90,000千円）であり，対価として 200,000千円を交付している。

4．当期末に保有する有価証券の当期末時価は以下のとおりである。

　　　B社株式： 7,960千円

　　　C社社債：98,500千円

5．売上債権期末残高に対して2％の貸倒引当金を差額補充法により設定する。

6．翌期における役員賞与の支給見込額は，32,000千円である。

7．経過勘定

　　　見 越：営業費 2,340千円，　繰 延：支払利息 2,500千円，支払保険料　？　千円

8．法人税等として 199,000千円を計上する。

【解 答】

（注）解答に当たって「△」等の記号は付さないこと。

①	1,754,600	②	4,120	③	10,130	④	1,196,800
⑤	947,780	⑥	9,625	⑦	6,500	⑧	15,414
⑨	3,000	⑩	1,009,440	⑪	107,160	⑫	21,750
⑬	12,000	⑭	9,625	⑮	258,000	⑯	659,314
⑰	133,000	⑱	32,000	⑲	260,000	⑳	150,000

【採点基準】

5点×20箇所＝100点

【解答時間及び得点】

	日　付	解答時間	得　点	Ｍ　Ｅ　Ｍ　Ｏ
1	／	分	点	
2	／	分	点	
3	／	分	点	
4	／	分	点	
5	／	分	点	

【チェック・ポイント】

出題分野	出題論点	日　付				
		／	／	／	／	／
個　別　論　点	無　形　固　定　資　産					
	有　価　証　券					
	増　　資					
	役　員　賞　与　引　当　金					
	吸　収　合　併					
	長　期　前　払　費　用					

【解答への道】 （単位：千円）

Ⅰ．〔資料Ⅰ〕の空欄推定

$\qquad$の れ ん： 15,000 ← 後述（Ⅵ．3．参照）

$\qquad$任 意 積 立 金： 84,000 ← 貸借差額

Ⅱ．再振替仕訳

（借）支 払 利 息	2,500	（貸）前 払 利 息	2,500
（借）未 払 営 業 費	2,160	（貸）営 業 費	2,160

Ⅲ．有価証券の洗替処理（売買目的有価証券，洗替方式）

（借）有 価 証 券	180	（貸）有 価 証 券 評 価 損 益	180(*1)

(*1) A社株式（取得原価3,250－前期末時価3,070）＝180

(注) 洗替方式では，前期末に計上した評価差額を振り戻し，取得原価を当期期首の帳簿価額とする。

Ⅳ．期中仕訳

1．商品売買

（借）仕 入	2,624,000	（貸）買 掛 金	2,624,000
（借）売 掛 金	4,356,000	（貸）売 上	4,356,000

2．債権債務等

(1) 買掛金の決済等

（借）買 掛 金	2,501,750	（貸）支 払 手 形	1,040,000
		現 金 預 金	1,461,750

(2) 売掛金の決済及び貸倒

（借）受 取 手 形	1,748,600	（貸）売 掛 金	4,367,560
支 払 手 形	21,000		
現 金 預 金	2,597,960		
（借）貸 倒 引 当 金	25,600	（貸）売 掛 金	25,600
（借）貸 倒 損 失	6,500	（貸）売 掛 金	6,500

(3) 支払手形の決済

（借）支 払 手 形	1,004,000	（貸）現 金 預 金	1,004,000

(4) 受取手形の決済

（借）現 金 預 金	1,628,000	（貸）受 取 手 形	1,628,000

3．有価証券

(1) A社株式（売買目的有価証券，洗替方式）

（借）	現　金　預　金	3,120	（貸）	有　価　証　券	3,250(*1)
	有価証券売却損益	130(*2)			

(*1) 取得原価

(注) 洗替方式を採用しているため，本問では取得原価が売却時の帳簿価額となっている点に注意すること。

(*2) 取得原価3,250－売却価額3,120＝130

(2) B社株式（売買目的有価証券）

（借）	有　価　証　券	7,220	（貸）	現　金　預　金	7,220

(3) C社社債（満期保有目的の債券）

（借）	現　金　預　金	2,400	（貸）	有価証券利息	2,400

(*1) 額面100,000×2.4％＝2,400

4．保険料

（借）	支払保険料	38,500	（貸）	現　金　預　金	38,500

5．増　資（×11年1月10日）

（借）	現　金　預　金	120,000(*1)	（貸）	資　本　金	60,000(*2)
				資本準備金	60,000(*2)

(*1) ＠80×1,500株＝120,000

(*2) $120,000(*1) \times \frac{1}{2} = 60,000$

6．剰余金の配当等

(1) 剰余金の配当

（借）	繰越利益剰余金	86,000	（貸）	利益準備金	6,000(*1)
				未払配当金	80,000
（借）	未払配当金	80,000	（貸）	現　金　預　金	80,000

(*1) 配当時における資本金 $1,400,000 \times \frac{1}{4}$

－配当時における（資本準備金200,000＋利益準備金144,000）＝6,000

配当金 $80,000 \times \frac{1}{10} = 8,000$

∴ 6,000（いずれか小）

(2) 役員賞与の支払

（借）	役員賞与引当金	28,000	（貸）	現　金　預　金	28,000

7．現金預金に係る取引（前述を除く）

（借）	営　業　費	947,600	（貸）	現　金　預　金	1,127,600
	未払法人税等	104,000			
	仮払法人税等	66,000			
	支払利息	10,000			

Ⅴ．決算整理前残高試算表

決算整理前残高試算表
×11年3月31日

現　金　預　金	1,009,440	支　払　手　形	258,000
受　取　手　形	437,660	買　掛　金	659,314
売　掛　金	782,340	貸　倒　引　当　金	8,986
有　価　証　券	7,220	長　期　借　入　金	387,000
繰　越　商　品	524,200	建物減価償却累計額	259,200
仮　払　法　人　税　等	66,000	車両減価償却累計額	100,000
建　物	600,000	備品減価償却累計額	101,250
車　両	200,000	資　本　金	1,460,000
備　品	300,000	資　本　準　備　金	260,000
土　地	639,000	利　益　準　備　金	150,000
の　れ　ん	15,000	任　意　積　立　金	84,000
投　資　有　価　証　券	98,400	繰　越　利　益　剰　余　金	220,000
仕　入	2,624,000	売　上	4,356,000
営　業　費	945,440	有　価　証　券　評　価　損　益	180
支　払　保　険　料	38,500	有　価　証　券　利　息	2,400
貸　倒　損　失	6,500		
支　払　利　息	12,500		
有　価　証　券　売　却　損　益	130		
	8,306,330		8,306,330

VI. 決算整理仕訳

1. 商　品

(借)	仕	入	524,200	(貸)	繰 越 商 品	524,200
(借)	繰 越 商 品		546,800	(貸)	仕　　　　入	546,800

2. 減価償却

(1) 建　物

(借)	建 物 減 価 償 却 費	18,000(*1)	(貸)	建 物 減 価 償 却 累 計 額	18,000

(*1) 期首T/B 建物600,000×0.9÷30年＝18,000

(2) 車　両

(借)	車 両 減 価 償 却 費	30,000(*1)	(貸)	車 両 減 価 償 却 累 計 額	30,000

(*1) 200,000×0.9÷6年＝30,000

(3) 備　品

(借)	備 品 減 価 償 却 費	33,750(*1)	(貸)	備 品 減 価 償 却 累 計 額	33,750

(*1) 300,000×0.9÷8年＝33,750

3. のれん

(借)	の れ ん 償 却 額	3,000(*1)	(貸)	の　　れ　　ん	3,000

(*1) のれん45,000(*2)÷15年＝3,000

(*2) 取得原価200,000－取得原価の配分額(諸資産245,000(*3)－諸負債90,000(*3))＝45,000

(*3) 時価

(注) 水道橋株式会社の取得時には以下の仕訳が行われている。

(借)	諸　　資　　産	245,000(*3)	(貸)	諸　　負　　債	90,000(*3)
	の　　れ　　ん	45,000(*2)		現　金　預　金	200,000

(注) 対価を現金とする合併では，合併会社は，被合併会社の資産と負債を「時価」で受け入れ，被合併会社の株主に対して「現金」を交付する。なお，企業結合時点における時価純資産額と合併の対価(取得原価)の差額を「のれん」として処理する。

被合併会社の貸借対照表

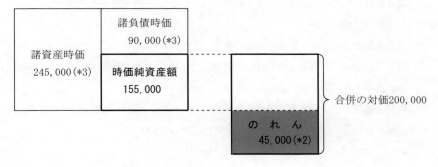

◎ 期首T/B のれん：15,000(*4)

(*4) 45,000(*2)－45,000(*2)÷15年×経過年数10年＝15,000

4．有価証券

(1) B社株式（売買目的有価証券）

(借)	有　価　証　券	740(*1)	(貸)	有価証券評価損益	740

(*1) 当期末時価7,960－取得原価7,220＝740

(2) C社社債（満期保有目的の債券，償却原価法・定額法）

(借)	投　資　有　価　証　券	800(*1)	(貸)	有　価　証　券　利　息	800
(借)	有　価　証　券	99,200	(貸)	投　資　有　価　証　券	99,200(*2)

(*1) （額面金額100,000－取得原価96,000）$\times \dfrac{12 \text{ヶ月 (X10.4〜X11.3)}}{60 \text{ヶ月 (X7.4〜X12.3)}}$＝当期償却額800

(注)　償却原価法（定額法）の場合，決算時に償却額の計上を行う。

(*2)　繰越T/B 投資有価証券98,400＋800(*1)＝99,200

(注)　償還日が決算日の翌日から起算して1年以内になった場合は「投資有価証券」から「有価証券」に振り替える

（参考1）満期保有目的の債券の処理

　満期保有目的の債券は，クーポン利息（利札）と満期償還額の獲得を目的として保有しているものであり，時価の変動を投資活動の成果としてとらえる必要はないので，取得原価で評価する。ただし，額面金額（債券金額）と取得原価の差額である取得差額が金利調整（券面利子率と市場金利等との調整）と認められる場合には，利息として期間配分すべきであるから，償却原価法を適用する。

　1．会計処理

		貸借対照表価額
取得原価 ＝ 額面金額		取 得 原 価
取得原価 ≠ 額面金額	取得差額が金利調整差額でない	
	取得差額が金利調整差額である	償 却 原 価

　(1) 取得原価 ＝ 額面金額

　　「**取得原価**」をもって貸借対照表価額とする。

　(2) 取得原価 ≠ 額面金額

　　① 取得差額が金利調整と認められない債券

　　　取得差額が金利調整と認められない債券については「**取得原価**」をもって貸借対照表価額とする。

　　② 取得差額が金利調整と認められる債券

　　　取得差額が金利調整と認められる債券については償却原価法に基づいて算定された価額である「**償却原価**」をもって貸借対照表価額としなければならない。

２．償却原価法

（1）意　義

　　償却原価法とは，債券を額面金額より低い価額又は高い価額で取得した場合において，当該差額（取得差額）を償還期に至るまで毎期一定の方法で貸借対照表価額に加減する方法をいう。なお，当該加減額は「有価証券利息」に含めて処理する。償却原価法は有価証券利息を取得日から償還日にわたって期間配分する方法であり，利息法と定額法の２つの方法がある。原則は利息法であるが，継続適用を条件として，定額法を適用することができる。

（2）会計処理（償却額の計上仕訳）

　①　取得原価　＜　額面金額の場合

（借）投 資 有 価 証 券	×××	（貸）有 価 証 券 利 息 （営 業 外 収 益）	×××

　②　取得原価　＞　額面金額の場合

（借）有 価 証 券 利 息 （営 業 外 収 益）	×××	（貸）投 資 有 価 証 券	×××

（3）定額法の計算方法

　　定額法とは，債券の金利調整差額を取得日から償還日までの期間で除して各期の損益に配分する方法をいい，当該配分額を帳簿価額に加減する。なお，償却額の算定は以下の式で行う。

$$償却額 ＝ （額面金額 － 取得原価） × \frac{当期保有期間}{取得日から償還日までの月数}$$

　　定額法の場合，償却額の計上は償還時を除き「決算整理仕訳」として行われる。

３．貸借対照表表示

　　満期保有目的の債券は一年基準により，貸借対照表上，流動・固定分類される。特に，償還日が決算日の翌日から起算して１年以内になった場合には，「投資有価証券」から「有価証券」に振り替える点に注意すること。

> 決算日の翌日から起算して，償還日が
> ①　１年以内のもの ⟶ 有 価 証 券（流動資産）
> ②　１年を超えるもの ⟶ 投 資 有 価 証 券（固定資産「投資その他の資産」）

5．貸倒引当金

(借) 貸 倒 引 当 金 繰 入 額	15,414(*1)	(貸) 貸 倒 引 当 金	15,414

(*1) 前T/B(受取手形437,660＋売掛金782,340)×2％－前T/B 貸倒引当金8,986＝15,414

6．役員賞与引当金

(借) 役 員 賞 与 引 当 金 繰 入 額	32,000	(貸) 役 員 賞 与 引 当 金	32,000

7．経過勘定

(借) 営 業 費	2,340	(貸) 未 払 営 業 費	2,340
(借) 前 払 利 息	2,500	(貸) 支 払 利 息	2,500
(借) 前 払 保 険 料	19,250(*1)	(貸) 支 払 保 険 料	28,875
長 期 前 払 保 険 料	9,625(*2)		

(*1) $38,500 \times \dfrac{12ヶ月（×11.4〜×12.3）}{24ヶ月（×10.10〜×12.9）} = 19,250$

(*2) $38,500 \times \dfrac{6ヶ月（×12.4〜×12.9）}{24ヶ月（×10.10〜×12.9）} = 9,625$

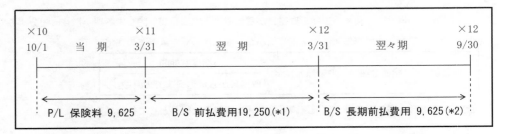

8．法人税等

(借) 法 人 税 等	199,000	(貸) 仮 払 法 人 税 等	66,000
		未 払 法 人 税 等	133,000(*1)

(*1) 貸借差額

（参考２）流動固定分類

　資産・負債を流動項目と固定項目に分類する基準は次の２つがある。

１．正常営業循環基準

　　正常営業循環基準とは，主たる営業活動の循環過程にあるものを流動項目とし，それ以外のものを固定
項目とする基準である。

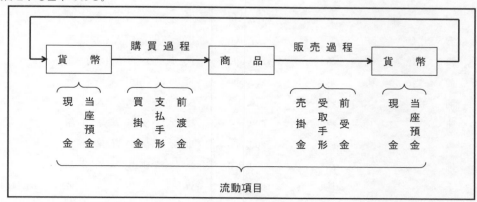

２．一年基準（one year rule）

　　一年基準とは，決算日の翌日から起算して，１年以内に履行期の到来する債権及び債務，１年以内に費
用・収益となる資産及び負債を流動項目とし，１年を超えるものを固定項目とする基準である。

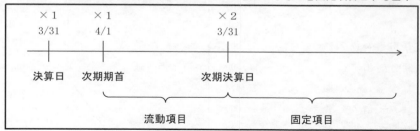

３．まとめ

　　現行制度上，原則として，**正常営業循環基準を主たる基準**とし，**一年基準を従たる基準**として流動固定
分類を行っている。つまり，まず，正常営業循環基準を適用して企業の正常な循環過程内にあるものは流
動項目とし，それ以外のものについては，次に，一年基準を適用して１年内のものは流動項目とし，１年
超のものは固定項目とする。

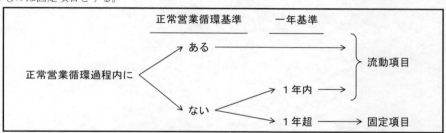

VII. 決算整理後残高試算表

決算整理後残高試算表
×11年3月31日

借方		貸方	
現 金 預 金	1,009,440	支 払 手 形	258,000
受 取 手 形	437,660	買 掛 金	659,314
売 掛 金	782,340	未 払 営 業 費	2,340
有 価 証 券	107,160	未 払 法 人 税 等	133,000
繰 越 商 品	546,800	役 員 賞 与 引 当 金	32,000
前 払 利 息	2,500	貸 倒 引 当 金	24,400
前 払 保 険 料	19,250	長 期 借 入 金	387,000
建 物	600,000	建 物 減 価 償 却 累 計 額	277,200
車 両	200,000	車 両 減 価 償 却 累 計 額	130,000
備 品	300,000	備 品 減 価 償 却 累 計 額	135,000
土 地	639,000	資 本 金	1,460,000
の れ ん	12,000	資 本 準 備 金	260,000
長 期 前 払 保 険 料	9,625	利 益 準 備 金	150,000
仕 入	2,601,400	任 意 積 立 金	84,000
営 業 費	947,780	繰 越 利 益 剰 余 金	220,000
支 払 保 険 料	9,625	売 上	4,356,000
役 員 賞 与 引 当 金 繰 入 額	32,000	有 価 証 券 評 価 損 益	920
貸 倒 損 失	6,500	有 価 証 券 利 息	3,200
貸 倒 引 当 金 繰 入 額	15,414		
建 物 減 価 償 却 費	18,000		
車 両 減 価 償 却 費	30,000		
備 品 減 価 償 却 費	33,750		
の れ ん 償 却 額	3,000		
支 払 利 息	10,000		
有 価 証 券 売 却 損 益	130		
法 人 税 等	199,000		
	8,572,374		8,572,374

Ⅷ. 財務諸表

損 益 計 算 書

自×10年4月1日 至×11年3月31日

Ⅰ 売 上 高		4,356,000		
Ⅱ 売 上 原 価				
1 期首商品棚卸高	524,200			
2 当期商品仕入高	2,624,000			
合 計	3,148,200			
3 期末商品棚卸高	546,800	2,601,400		
売 上 総 利 益		①1,754,600		
Ⅲ 販売費及び一般管理費				
1 営 業 費 ⑤	947,780			
2 支 払 保 険 料 ⑥	9,625			
3 役員賞与引当金繰入額	32,000			
4 貸 倒 損 失 ⑦	6,500			
5 貸倒引当金繰入額 ⑧	15,414			
6 建物減価償却費	18,000			
7 車両減価償却費	30,000			
8 備品減価償却費	33,750			
9 のれん償却額 ⑨	3,000	1,096,069		
営 業 利 益		658,531		

Ⅳ 営 業 外 収 益				
1 有価証券評価益	920			
2 有価証券利息	3,200	②	4,120	
Ⅴ 営 業 外 費 用				
1 支 払 利 息	10,000			
2 有価証券売却損	130	③	10,130	
経 常 利 益			652,521	
税引前当期純利益			652,521	
法人税, 住民税及び事業税			199,000	
当 期 純 利 益			453,521	

貸　借　対　照　表

×11年３月31日

資　産　の　部				負　債　の　部		
I 流 動 資 産				I 流 動 負 債		
現 金 及 び 預 金		⑩1,009,440		支 払 手 形	⑮	258,000
受 取 手 形	437,660			買 掛 金	⑯	659,314
売 掛 金	782,340			未 払 費 用		2,340
貸 倒 引 当 金	△ 24,400	1,195,600		未 払 法 人 税 等	⑰	133,000
有 価 証 券		⑪ 107,160		役 員 賞 与 引 当 金	⑱	32,000
商 品		546,800		流 動 負 債 合 計		1,084,654
前 払 費 用		⑫ 21,750		II 固 定 負 債		
流 動 資 産 合 計		2,880,750		長 期 借 入 金		387,000
II 固 定 資 産				固 定 負 債 合 計		387,000
1 有形固定資産				負 債 合 計		1,471,654
建 物	600,000			純 資 産 の 部		
減 価 償 却 累 計 額	△277,200	322,800		I 株 主 資 本		
車 両	200,000			1 資 本 金		1,460,000
減 価 償 却 累 計 額	△130,000	70,000		2 資 本 剰 余 金		
備 品	300,000			資 本 準 備 金	⑲ 260,000	
減 価 償 却 累 計 額	△135,000	165,000		資 本 剰 余 金 合 計		260,000
土 地		639,000		3 利 益 剰 余 金		
有 形 固 定 資 産 合 計		④1,196,800		利 益 準 備 金	⑳ 150,000	
2 無形固定資産				その他利益剰余金		
の れ ん		⑬ 12,000		任 意 積 立 金	84,000	
無 形 固 定 資 産 合 計		12,000		繰 越 利 益 剰 余 金	673,521	
3 投資その他の資産				利 益 剰 余 金 合 計		907,521
長 期 前 払 費 用		⑭ 9,625		株 主 資 本 合 計		2,627,521
投資その他の資産合計		9,625		純 資 産 合 計		2,627,521
固 定 資 産 合 計		1,218,425				
資 産 合 計		4,099,175		負 債 純 資 産 合 計		4,099,175

【MEMO】

公認会計士　新トレーニング シリーズ

財務会計論 計算編2　個別論点・入門編II　第7版
ざい む かいけいろん　けいさんへん こ べつろんてん　にゅうもんへん だい　はん

2009年12月10日　初　版　第1刷発行
2021年 3 月20日　第7版　第1刷発行

編 著 者　ＴＡＣ株式会社
　　　　　　（公認会計士講座）
発 行 者　多　田　敏　男
発 行 所　ＴＡＣ株式会社　出版事業部
　　　　　　　　　　（ＴＡＣ出版）
〒101-8383 東京都千代田区神田三崎町3-2-18
電話　03（5276）9492（営業）
FAX　03（5276）9674
https://shuppan.tac-school.co.jp
印　　刷　株式会社　ワコープラネット
製　　本　株式会社 常 川 製 本

© TAC 2021　　　Printed in Japan　　　ISBN 978-4-8132-9640-9
N.D.C. 336

公認会計士講座のご案内

スクール選びで 合否が決まる！

令和元年 公認会計士試験
TAC 合格祝賀パーティー

[東京会場] 東京マリオットホテル

合格実績で選べばTAC.

新試験制度制定後
2006年～2019年
公認会計士論文式試験

TAC本科生合格者
累計実績 ※

8,617名 ※

2006年 633名 + 2007年 1,320名 + 2008年 1,170名 + 2009年 806名 + 2010年 885名 + 2011年 554名 + 2012年 550名 + 2013年 458名 + 2014年 415名 + 2015年 372名 + 2016年 385名 + 2017年 352名 + 2018年 357名 + 2019年 360名

※ TAC本科生合格者とは、目標年度の試験に合格するために必要と考えられる講義・答案練習・公開模試・試験委員対策・法令改正等をパッケージ化したTACのコースにおいて、合格に必要な科目を全て受講し、かつ最終合格された方を指します。なお、過年度の科目合格者が最終合格された場合、①合格に必要な科目をTACで全て受講し、かつ②受講した年度に科目合格している方は合格者に含めています。

資格の学校 TAC

TAC 合格実績を支える 7つの強み

TACの強み 2
合格カリキュラム
カリキュラムに沿うだけでムリなく、
ムダなく一発合格を目指せる！

TACの強み 3
合格教材
合格者講師が作成した
TACの教材だけで合格できる！

TACの強み 1
合格者講師
自らの合格学習法や実務経験を交えたイメージしやすい講義！

合格者講師主義とは、公認会計士試験で重要な会計に関する科目「財務会計論（基礎・上級期）」・「管理会計論」・「監査論」・「租税法」および重要な選択科目である「経営学」については、自ら試験を突破した会計のプロフェッショナルである公認会計士（旧第2次を含む）試験合格者が講師であるべき、というポリシーです。また他の科目についても、試験合格者は勿論、司法試験合格者をはじめとした各専門分野に精通しているプロフェッショナルを採用しています。

TAC
合格者講師主義
CERTIFIED PUBLIC
ACCOUNTANT
★ ★ ★

TACの強み 7
就職サポート
初めての就活も安心！
規模・質ともに充実した
就職対策！

TACの強み 4
スケールメリット
受験生全体の正確な
順位を把握でき、
正答すべき問題を判別できる！

TACの強み 6
安心の学習環境
「あったらいいな」を形にした
TACにしかない安心の学習フォロー！

TACの強み 5
全国展開の校舎
好立地で通いやすい！
振替や自習に便利な校舎を
全国26校舎で展開！

はじめの一歩はセミナーから知る！

TAC出版 書籍のご案内

TAC出版では、資格の学校TAC各講座の定評ある執筆陣による資格試験の参考書をはじめ、資格取得者の開業法や仕事術、実務書、ビジネス書、一般書などを発行しています!

TAC出版の書籍

*一部書籍は、早稲田経営出版のブランドにて刊行しております。

資格・検定試験の受験対策書籍

- 日商簿記検定
- 建設業経理士
- 全経簿記上級
- 税理士
- 公認会計士
- 社会保険労務士
- 中小企業診断士
- 証券アナリスト
- ファイナンシャルプランナー(FP)
- 証券外務員
- 貸金業務取扱主任者
- 不動産鑑定士
- 宅地建物取引士
- マンション管理士
- 管理業務主任者
- 司法書士
- 行政書士
- 司法試験
- 弁理士
- 公務員試験(大卒程度・高卒者)
- 情報処理試験
- 介護福祉士
- ケアマネジャー
- 社会福祉士　ほか

実務書・ビジネス書

- 会計実務、税法、税務、経理
- 総務、労務、人事
- ビジネススキル、マナー、就職、自己啓発
- 資格取得者の開業法、仕事術、営業術
- 翻訳書 (T's BUSINESS DESIGN)

一般書・エンタメ書

- エッセイ、コラム
- スポーツ
- 旅行ガイド (おとな旅プレミアム)
- 翻訳小説 (BLOOM COLLECTION)

公認会計士試験対策書籍のご案内

TAC出版では、独学用およびスクール学習の副教材として、各種対策書籍を取り揃えています。
学習の各段階に対応していますので、あなたのステップに応じて、合格に向けてご活用ください!

短答式試験対策

・財務会計論【計算問題編】
・財務会計論【理論問題編】
・管理会計論
・監査論
・企業法

『ベーシック問題集』
シリーズ A5判

● 短答式試験対策を本格的に
始めた方向け、苦手論点の
克服、直前期の再確認に最適!

・財務会計論【計算問題編】
・財務会計論【理論問題編】
・監査論
・企業法

『アドバンスト問題集』
シリーズ A5判

● 『ベーシック問題集』の上級編。
より本試験レベルに対応して
います

論文式試験対策

『財務会計論会計基準
早まくり条文別問題集』
B6変型判

● ○×式の一問一答で会計基準を
早まくり
◎ 論文式試験対策にも使えます

・財務会計論【計算編】
・管理会計論

『新トレーニング』
シリーズ B5判

● 基本的な出題パターンを
網羅。効率的な解法による
総合問題の解き方を
身に付けられます!
◎ 各巻数は、TAC公認会計士
講座のカリキュラムにより
変動します
◎ 管理会計論は、短答式試験
対策にも使えます

過去問題集

『短答式試験 過去問題集』
『論文式試験必修科目 過去問題集』
『論文式試験選択科目 過去問題集』
A5判

● 直近3回分の問題を、ほぼ本試験形式で再現。
TAC講師陣による的確な解説付き

企業法対策

公認会計士試験の中で毛色の異なる法律科目に対して苦手意識のある方向け。
弱点強化、効率学習のためのラインナップです

入　門

『はじめての会社法』
A5判　田﨑 晴久 著
● 法律の知識ゼロの人でも、
　これ1冊で会社法の基礎が
　わかる!

短答式試験対策

『企業法早まくり肢別問題集』
B6変型判　田﨑 晴久 著
● 本試験問題を肢別に分解、整理。
　簡潔な一問一答式で合格に必要な知識を網羅!

・2020年4月現在・刊行内容、装丁等は変更になることがあります
・とくに記述がある商品以外は、TAC公認会計士講座編です

書籍の正誤についてのお問合わせ

万一誤りと疑われる箇所がございましたら、以下の方法にてご確認いただきますよう、お願いいたします。

なお、正誤のお問合わせ以外の書籍内容に関する解説・受験指導等は、**一切行っておりません。**
そのようなお問合わせにつきましては、お答えいたしかねますので、あらかじめご了承ください。

1 正誤表の確認方法

TAC出版書籍販売サイト「Cyber Book Store」の
トップページ内「正誤表」コーナーにて、正誤表をご確認ください。

URL：https://bookstore.tac-school.co.jp/

2 正誤のお問合わせ方法

正誤表がない場合、あるいは該当箇所が掲載されていない場合は、書名、発行年月日、お客様のお名前、ご連絡先を明記の上、下記の方法でお問合わせください。
なお、回答までに1週間前後を要する場合もございます。あらかじめご了承ください。

文書にて問合わせる

● 郵送先　〒101-8383 東京都千代田区神田三崎町3-2-18
TAC株式会社 出版事業部 正誤問合わせ係

FAXにて問合わせる

● FAX番号　**03-5276-9674**

e-mailにて問合わせる

● お問合わせ先アドレス　**syuppan-h@tac-school.co.jp**

※お電話でのお問合わせは、お受けできません。また、土日祝日はお問合わせ対応をおこなっておりません。
※正誤のお問合わせ対応は、該当書籍の改訂版刊行月末日までといたします。

乱丁・落丁による交換は、該当書籍の改訂版刊行月末日までといたします。なお、書籍の在庫状況等により、お受けできない場合もございます。
また、各種本試験の実施の延期、中止を理由とした本書の返品はお受けいたしません。返金もいたしかねますので、あらかじめご了承くださいますようお願い申し上げます。

答 案 用 紙

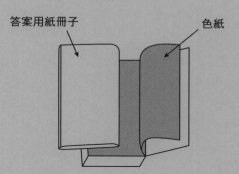

答案用紙冊子　　　　　　　　色紙

①答案用紙冊子を抜き取る

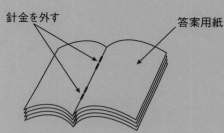

針金を外す　　　　　　　　　答案用紙

②抜き取った答案用紙冊子を
　開き，針金を外す

〈答案用紙ご利用時の注意〉

　以下の「答案用紙」は，この色紙を残したま
まていねいに抜き取り，綴込の針金をはずし
てご利用ください。なお，針金をはずす際は素
手ではなく，ドライバー等の器具を必ずご使用
ください。

　また，抜取りの際の損傷についてのお取替
えはご遠慮願います。

＊ご自分の学習進度に合わせて，コピーしてお使いください。
なお，答案用紙は，ダウンロードサービスもご利用いただけます。
ＴＡＣ出版書籍販売サイト・サイバーブックストアにアクセスしてく
ださい。
https://bookstore.tac-school.co.jp/

ＴＡＣ出版
TAC PUBLISHING Group

新トレーニングシリーズ
財務会計論 計算編2〈個別論点・入門編II〉

別冊答案用紙

目 次

問題 ①

有価証券の売買

得点

⑨答点

問1

決算整理後残高試算表

×11年3月31日

(単位：千円)

現 金 預 金 （　　　）	買 掛 金 （　　　）
売 掛 金 （　　　）	未 払 利 息 （　　　）
有 価 証 券 （　　　）	未 払 法 人 税 等 （　　　）
繰 越 商 品 （　　　）	商 品 保 証 引 当 金 （　　　）
未 収 有 価 証 券 利 息 （　　　）	貸 倒 引 当 金 （　　　）
建 物 （　　　）	長 期 借 入 金 （　　　）
車 両 （　　　）	建 物 減 価 償 却 累 計 額 （　　　）
備 品 （　　　）	車 両 減 価 償 却 累 計 額 （　　　）
土 地 （　　　）	備 品 減 価 償 却 累 計 額 （　　　）
特 許 権 （　　　）	資 本 金 （　　　）
仕 入 （　　　）	繰 越 利 益 剰 余 金 （　　　）
営 業 費 （　　　）	売 上 （　　　）
貸 倒 損 失 （　　　）	受 取 利 息 配 当 金 （　　　）

問　題 **②**　　有形固定資産

得　点　　点

問1

① | ②

問2

決算整理後残高試算表

×11年3月31日　　（単位：千円）

借方		貸方	
現金預金	（　　）	支払手形	（　　）
受取手形	（　　）	買掛金	（　　）
売掛金	（　　）	未払金	（　　）
繰越商品	（　　）	未払営業費	（　　）
（　　　）	（　　）	未払利息	（　　）
前払営業費	（　　）	未払法人税等	（　　）
建物	（　　）	貸倒引当金	（　　）
機械	（　　）	長期借入金	（　　）
車両	（　　）	建物減価償却累計額	（　　）
備品	（　　）	備品減価償却累計額	（　　）

得点 点 点

損 益 計 算 書 (単位：千円)

自×10年4月1日 至×11年3月31日

I 売 上 高 （ ）

II 売 上 原 価
1 期首商品棚卸高 （ ）
2 当期商品仕入高 （ ）
　 合 計 （ ）
3 期末商品棚卸高 （ ）
　 差 引 （ ）
4 商品低価評価損 （ ）（ ）
　 売 上 総 利 益 （ ）

III 販売費及び一般管理費
1 販 売 管 理 費 （ ）
2 棚 卸 減 耗 費 （ ）
3 貸 倒 損 失 （ ）
4 貸倒引当金繰入額 （ ）

IV 営 業 外 収 益
1 受取利息配当金 （ ）（ ）

V 営 業 外 費 用
1 支 払 利 息 （ ）
2 有価証券評価損 （ ）
3 雑 損 失 （ ）（ ）
　 経 常 利 益 （ ）

VI 特 別 損 失
1 （ ）（ ）
　 税引前当期純利益 （ ）
　 法人税，住民税及び事業税 （ ）
　 当 期 純 利 益 （ ）

貸借対照表

×11年3月31日

(単位：千円)

資産の部

I 流動資産	
現金及び預金	( )
受取手形	( )
貸倒引当金	( )
売掛金	( )
貸倒引当金	( )
有価証券	( )
商品	( )
貯蔵品	( )
前払費用	( )
( )	( )
流動資産合計	( )
II 固定資産	

負債の部

I 流動負債	
支払手形	( )
買掛金	( )
未払費用	( )
未払法人税等	( )
流動負債合計	( )
II 固定負債	
長期借入金	( )
固定負債合計	( )
負債合計	( )

純資産の部

I 株主資本	
1 資本金	( )

損益計算書　（単位：千円）

自×10年4月1日　至×11年3月31日

I　売上高　（　　　）

II　売上原価
1　期首商品棚卸高　（　　　）
2　当期商品仕入高　（　　　）
　　合計　（　　　）
3　期末商品棚卸高　（　　　）
　　差引　（　　　）
4（　　　）　（　　　）　（　　　）
　　売上総利益　（　　　）

III　販売費及び一般管理費
1　営業費　（　　　）
2　貸倒損失　（　　　）
3　貸倒引当金繰入額　（　　　）
4　租税公課　（　　　）
5　建物減価償却費　（　　　）　（　　　）

IV　営業外収益
1　受取利息配当金　（　　　）
2（　　　）　（　　　）

V　営業外費用
1　支払利息　（　　　）
2　支払手数料　（　　　）
　　経常利益　（　　　）

VI　特別利益
1（　　　）　（　　　）
　　税引前当期純利益　（　　　）
　　法人税，住民税及び事業税　（　　　）
　　当期純利益　（　　　）

…の計算書

×11年3月31日　　　　　　　　（単位：千円）

本				
利益剰余金			株　主	純資産
その他利益剰余金		利　益	資　本	合　計
任　意 積立金	繰　越 利　益 剰余金	剰余金 合　計	合　計	
124,000	242,800	512,800	2,212,800	2,212,800

貸借対照表

×11年3月31日

（単位：千円）

資産の部

I 流動資産
　現金及び預金 （　）
　受取手形 （　）
　貸倒引当金 （　）（　）
　売掛金 （　）
　貸倒引当金 （　）（　）
　商品 （　）
　前払費用 （　）
　　流動資産合計 （　）
II 固定資産
　1 有形固定資産
　　建物 （　）
　　減価償却累計額 （　）（　）

負債の部

I 流動負債
　支払手形 （　）
　買掛金 （　）
　未払費用 （　）
　未払法人税等 （　）
　　流動負債合計 （　）
II 固定負債
　長期借入金 （　）
　長期営業外支払手形 （　）
　　固定負債合計 （　）
　　負債合計 （　）

純資産の部

I 株主資本

問 題 **5**　無形固定資産

①		②		③	④
⑤		⑥		⑦	⑧
⑨		⑩		⑪	⑫
⑬		⑭		⑮	⑯
⑰		⑱		⑲	⑳

問題 **6**　朝首スタート問題

得点　　点

(注) 解答に当たって「△」等の記号は付さないこと。

①		②		③		④	
⑤		⑥		⑦		⑧	
⑨		⑩		⑪		⑫	
⑬		⑭		⑮		⑯	
⑰		⑱		⑲		⑳	

建物減価償却費 （　　　　　）

車両減価償却費 （　　　　　）

備品減価償却費 （　　　　　）

特許権減価償却費 （　　　　　）

支払利息 （　　　　　）

支払手数料 （　　　　　）

法人税，住民税及び事業税 （　　　　　）（　　　　　）

車両売却益 （　　　　　）（　　　　　）

問2

（単位：千円）

売 上 （　　　）

営 業 費 （　　　）
棚 卸 減 耗 費 （　　　）
貸 倒 引 当 金 繰 入 額 （　　　）
建 物 減 価 償 却 費 （　　　）
機 械 減 価 償 却 費 （　　　）
車 両 減 価 償 却 費 （　　　）
備 品 減 価 償 却 費 （　　　）
支 払 利 息 （　　　）
（　　　　　　） （　　　）
法人税, 住民税及び事業税 （　　　）

備 品 売 却 益 （　　　）

仕 入 （　　　）

（　　　）

7 建物減価償却費 （　　　　　）

8 車両減価償却費 （　　　　　）

9 備品減価償却費 （　　　　　）（　　　　　）

営　業　利　益　　　　　　　　（　　　　　）

(2) その他利益剰余金

繰越利益剰余金 （　）

利 益 剰 余 金 合 計 （　）

株 主 資 本 合 計 （　）

純 資 産 合 計 （　）

負 債 純 資 産 合 計 （　）

減価償却累計額 （　）（　）

車 両 （　）

減価償却累計額 （　）（　）

備 品 （　）

減価償却累計額 （　）（　）

土 地 （　）

　有形固定資産合計 （　）

2 投資その他の資産

長 期 貸 付 金 （　）

投資その他の資産合計 （　）

固 定 資 産 合 計 （　）

資 産 合 計 （　）

自×10年4月1

	資本金	資本剰余金		利
		資 本 準備金	資 本 剰余金 合　計	準備金
当期首残高	1,600,000	100,000	100,000	146,
当期変動額				
新株の発行				
任意積立金の取崩				
任意積立金の積立				
剰余金の配当				
当期純利益				
当期変動額合計				
当期末残高				

株

－ 9 －

車　　　　　両（　　　　　）

減価償却累計額（　　　　　）（　　　　　）

土　　　　　地（　　　　　）

有形固定資産合計（　　　　　）

2　投資その他の資産

長　期　貸　付　金（　　　　　）

投資その他の資産合計（　　　　　）

固　定　資　産　合　計（　　　　　）

資　　産　　合　　計（　　　　　）

資　本　準　備　金（　　　　　）

資　本　剰　余　金　合　計（　　　　　）

3　利　益　剰　余　金

利　益　準　備　金（　　　　　）

その他利益剰余金

任　意　積　立　金（　　　　　）

繰　越　利　益　剰　余　金（　　　　　）

利　益　剰　余　金　合　計（　　　　　）

株　主　資　本　合　計（　　　　　）

純　資　産　合　計（　　　　　）

負　債　純　資　産　合　計（　　　　　）